郭卫民◎著

亲历

九七香港回归新闻安排谈判

人民出版社

序　言

　　2022 年是香港回归祖国二十五周年。每逢香港回归纪念的重要时间节点，都会勾起我对这一重大活动的生动回忆。庄严隆重的政权交接仪式、热烈宏大的各项庆祝活动，以及我与同事们夜以继日、全力以赴投入各项准备工作的点点滴滴，在我心中留下了难以磨灭的印记。香港回归庆典活动的新闻宣传工作顺利圆满，幕后有着许多生动的故事。围绕政权交接仪式的新闻安排与英方开展谈判、推动组织实施，与港府和特区政府统筹处的同事们磋商交涉、协同努力，确保国内、国际和香港当地媒体的新闻采访、报道顺利有序，其间有着许多难忘的瞬间。将这段历程记录下来，是我一直以来的一个夙愿，也是一种责任使然。

　　我长期在国务院新闻办公室、中央宣传部参与、负责对外宣传和新闻舆论工作，事务繁忙、节奏紧张，每有动笔想法却实难付诸纸面。2021 年是离开一线领导岗位的第一年，终有时间完成自己这一心愿。感谢人民出版社的负责同志，在我离任伊始与我愉快交流，建议并鼓励我将参与、亲历的重大事件、重大活动的工作记录下来、留予社会。这些促成了我下决心撰写这本《亲历：九七香港回归新闻安排谈判》。书中提到的"新闻安排"（Media Arrangement）一词，是中英双方围绕政权交接仪式谈判中使用的一个"国际性"说辞，所指的内容主要包括大型国际活动媒体的邀请、采访活动安排、重要现场组织、报道的协调以及新闻广播中心搭建和运行等。

香港回归庆典是中国实行改革开放后举办的重要国际活动。以往我们在国内重大活动宣传报道方面形成了许多有益做法，但如何组织好重大国际活动的媒体采访和宣传报道工作，经验尚有欠缺。香港政权交接仪式是在一个特殊的地点、特殊的时间举行的一场重大国际性事件，其间有几十场活动，涉及不同主办方，全球有近八百家媒体、八千多名记者前来，新闻安排十分特殊且重要，对于确保活动的顺利进行和在国际社会的呈现至关重要，为此中英联合联络小组关于香港政权交接仪式磋商机制专门下设了关于新闻安排的工作组。本书以新闻安排谈判为主轴，回顾了中方与英方谈判及与港府、特区政府的磋商历程，介绍了谈判达成协议后的实施、技术保障的落实，以及香港回归重要庆典活动的报道组织等。

实践证明，我们的工作不仅保证了国内媒体的顺利报道，也因借鉴国际上媒体安排通行的一些做法而受到国外同行认可，对于香港回归各项庆典活动的顺利进行产生了重要积极作用，以后为 1997 年 9 月香港成功举办世界银行和国际货币基金组织年会的采访报道组织提供了有益借鉴，也为日后的博鳌亚洲论坛、中国—东盟博览会等重大主场国际性活动的新闻宣传工作积累了宝贵经验、打下了很好的基础。

如何将二十多年前的那段历程准确记载下来？我原希望借助访谈方式，通过与编辑交流，梳理回忆、激发灵感、整理成文，后因防范新冠疫情对人员交流的限制未能如愿。防疫要求下的工作状态，反倒促使自己抽出时间翻开当年笔记、资料，努力地回忆、梳理，用心地记录、表述。感谢人民出版社的编审认真地对书稿进行梳理、校核、补充、润色，这本书得以逐渐充实。

参与香港回归的政权交接仪式和庆典活动新闻安排以及新闻宣传组织，是我人生中难以忘怀的一段重要经历。高中毕业后，我当过工人，参过军，在机关工作过。在中国人民大学完成七年本硕学习后，来到了全国人大外事委办公室工作，开启了我人生新的旅程。从事涉外立法、组织两会人大会议的新闻发布、参加大量对外交往活动等，为我参与香港回归新闻和对外宣传工作打下了坚实基础。1996 年，我调任国务院新闻办公室港澳台局，不久便参与到香港回归的新闻宣传组织工作中。尽管当时职务不高，但承蒙领导和组织信任，承担了光荣而艰巨的任务。我参与起草与英方关于新闻安排的谈判方案，经历了与英方、港府交接仪式统筹处的历次谈判磋商，担任中方首席新闻联络官，以新闻组联络员身份参加中央政府香港回归庆典和筹备工作前方工作组。工作头绪繁杂、十分忙碌，经常来回奔波于北京、香港、深圳三地，参与大量协调联络、方案制定、文件和简报起草等。回想起来，在当时如此紧张的工作节奏下，纵然有干不完的活，但也有使不完的劲。我与团队克服了许多困难，顺利完成了各项工作，年轻固然是重要原因，但更重要的是那份事业心、使命感。

香港回归祖国怀抱，是新中国成立特别是改革开放后中华民族雪洗百年耻辱、开启民族复兴的重大事件，是中国实行对外开放、走向世界，展示勃勃生机国家形象的重大事件，是新闻宣传特别是外宣队伍参与国际报道、与西方媒体同台交流竞争、展现中国媒体人风采和外宣软实力的重大事件。作为事件的亲历者和见证者，万分有幸参与其中，也为我从事外宣事业注入了强劲信心和动力。

以后我就一直投身到国家的新闻宣传尤其是对外宣传工作，先后担任了国务院新闻办公室新闻局副局长、局长，后任国新办副主任，直到2021年卸任，其间参与了党和国家一系列重大事件、重大会议、重大活动的新闻舆论和对外宣传工作。我的职业生涯与党和国家的事业紧紧相连，我的心与党和国家的高光时刻同频共振。二十多年来，我积极投身对外宣传，为营造有利于国家改革发展的舆论环境、展示党和国家良好形象做出了自己的努力和贡献。参加香港回归新闻安排谈判和庆典活动新闻宣传组织，是我人生和事业的一座里程碑。

在本书的编写过程中，时常想起当年参与香港回归新闻宣传的老领导和一起共事的同事们，在此向他们深表敬意。要深深感谢当时的领导和"战友"、书中多次提到的徐绍史、田进、谢应君等同志，他们悉心阅读书稿，提出宝贵意见。感谢人民出版社蒋茂凝、辛广伟、陈佳冉同志，对本书编写给予了大力支持和帮助。以回忆作为主要内容的书籍，难免会有疏漏和失误，如涉及相关同事，敬请涵谅。

两年时间又匆匆而过，适逢庆祝纪念香港回归祖国 27 周年，谨以此书奉献给所有参与过香港回归祖国相关工作的同志们！

郭卫民

2024 年 6 月于北京

目　录

组织的特区官员宣誓就职仪式、上午特区政府组织的庆祝大会和下午的招待酒会活动的新闻安排了。

7月1日我们经历了多少事！香港政权交接仪式发生在7月1日的零点；接着是宣誓就职仪式；上午的庆祝大会，接着是一系列的一场又一场的活动。这样的一天就会显得格外的漫长。

这是一场重大的新闻报道"战役"。世界各大媒体都调集了精兵强将，在这香港弹丸之地云集了八千多名新闻记者，中央媒体集中力量在境外参加这样的报道也是第一次，在这样规模空前的国际新闻大战中，应该说我们打了一个胜仗。

1 赋予重任

参加香港回归新闻工作

1996 年 11 月中旬的一个周末。初秋，太阳暖洋洋地照着位于北京亚运村西侧的一座院子，这里是安苑北里二十二号，国务院新闻办公室的所在地。

国务院新闻办公室，成立于 1991 年。为了应对当时复杂严峻的国际舆论形势，中央决定成立一个专门对外宣传的一个正部级工作机构——国务院新闻办公室（简称"国新办"），以便更好地对外开展宣传工作。当时正值 1990 年亚运会结束后不久，北京亚运村周边盖起了许多写字楼和居民住宅楼，于是就在这个区域找了一个僻静的地方，作为新设立的主责对外传播机构的办公地。

此时，距离 1997 年 7 月 1 日香港回归的日程越来越近，各项筹备工作正在紧锣密鼓地进行中。1996 年 1 月 26 日，中华人民共和国香港特别行政区筹委会在北京成立。这标志着中国政府对香港恢复行使主权的工作进入具体落实阶段。筹委会的工作主要有六个方面：一是组建特区第一届政府推选委员会；二是选举特区第一任行政长官人选；三是设立特区临时立法会；四是开展对与香港政权交接和平稳过渡有关的重大经济问题的研究；五是关于法律方面的工作；六是庆祝活动方面的有关安排等。随着时间的临近，关于香港回归的新闻安排，中央决定交由国新办负责，具体工作就落到了国新办港澳台局。根据领导安排，由我来负责相关工作方案的起草。

1989 年，我从中国人民大学国际政治系研究生毕业，先到全国人大外事委员会工作，1996 年调入国新办港澳台局。香港回归是全球瞩目的重大事件，而关于新闻安排的谈判是其中一项重要内容，关系到交接仪式能否顺利圆满。因此，对于当时的我来说，肩上的任务不可谓不重。但初生牛犊不怕虎，一想到能亲身参与香港回归这样百年一遇的历史事件，何其有幸，也不禁踌躇满志、跃跃欲试。

周末的办公室十分安静。我打开相关资料，映入眼帘是各种工作材料、新闻报道，如滚滚热浪迎面扑来。让人真切地感受到香港回归的宣传、政权交接仪式等各项工作已经紧锣密鼓地展开了……

香港回归是中华民族历史上的一件大事。早在二十世纪八十年代初，根据"一国两制"的伟大构想，中国政府制定了关于香港回归祖国的十二条基本方针政策，并以此作为中英关于香港问题外交谈判的基础。一定意义上讲，从那个时候开始，我们就已经启动了香港回归祖国的准备工作。

1984年12月19日，中英两国政府正式签署《中华人民共和国和大不列颠北爱尔兰联合王国政府关于香港问题的联合声明》（简称《中英联合声明》），这是香港回归史上的第一个里程碑。

要是香港的回归之路按照《中英联合声明》双方达成的共识一直往前走，历史会是怎样写的呢？

众所周知，1989年春夏之交的政治风波发生后，北京一时成为世界的焦点，香港社会随之动荡不安。英国新执政当局在香港问题上接连打出三张不与中方合作连带"制裁"中国的牌。首先是推行"居英权计划"——秘密地给二十二万五千名香港各界精英人士及其家庭成员一个密码，这些人随时随地可以在任何一个英国使领馆取得英国本土公民护照；继而又通过《香港人权法案条例》——把两个连在英国都未完全适用的国际人权公约适用于香港，企图凌驾于中国香港特区基本法之上；突然抛出了一个跨越1997年、耗资达一千二百四十七亿港元（一说两千亿港元）之巨的"机场及港口发展策略"——动用几乎所有的财政储备和有史以来最大规模的政府举债，使大把大把的香港金钱流向英国。

时间一月一月、一年一年地过去，大量相关平稳过渡的议题被积压，甚至成为一去不复返的"明日黄花"。针对英方倒行逆施的伎俩，邓小平同志多次发表讲话。他指示："香港问题就是一句话，对英国人一点也软不得。""要质问他们，中英协议还算不算数？如果他们一意孤行，我们就要另起炉灶。"小平同志还在会见一些香港知名人士时说："这种讹诈的方式和主张，是吓不倒中国人民的。中国人在主权问题上不会放过一分一毫，更不用说一寸。""我在 1982 年见撒切尔夫人时提到必要时在另外的时间、采取另外的方式收回香港的讲话，今天仍然有效。"①时任国务院副总理的朱镕基也在访问英国时到皇家国际事务研究所发表演讲，指出："在香港问题上发生了对抗，这不是我们挑起的。我们希望合作，不希望对抗。但是，不要以为对抗可以迫使我们在原则问题上让步，对此，任何人都不要作出错误的估计。"②

1990 年 4 月 4 日，全国人大七届三次会议高票通过《中华人民共和国香港特别行政区基本法》（简称《基本法》），这是香港回归史上的第二个里程碑。

---

① 宗道一：《周南口述：遥想当年羽扇纶巾》，齐鲁出版社 2007 年版，第357 页。

② 《星岛日报》，1992 年 11 月 17 日。

1994 年 10 月 5 日，香港回归祖国倒计时一千天，我有关部门召开会议，研究和策划香港回归的准备工作，也正是在同一天，末任港督彭定康当天也在香港立法会发表施政报告《香港：掌握千日，跨越"九七"》。彭定康的所谓"掌握千日"，实则是一种变相动员，希望港府的政务官、公务员跟着一起"握烂牌，打乱仗"，摆脱中英已经达成的所有协议、谅解的束缚，捞回十年前英国在谈判桌上想得到却没能得到的东西。

中央正式具体部署香港回归交接工作是在 1995 年 3 月 17 日。这一天，由国务院副总理、外交部部长钱其琛任组长，国务委员兼国务院秘书长罗干、中央办公厅主任曾庆红任副组长的香港回归接收仪式及庆祝活动筹备领导小组正式成立。同年 5 月 11 日，香港回归接收仪式及庆祝活动筹备委员会成立，由罗干任主任，来自全国人大、国务院、全国政协、统战部、中央外宣办（国新办）、中联部、外交部、财政部、公安部、文化部、广播电影电视部、港澳办、台办、侨办、总参作战部、总政、新华社香港分社、新华社澳门分社等机构人员参与其中。筹委会下设三个小组：筹委会办公室，国务院副秘书长李树文任主任；宣传组，中央外宣办主任曾建徽任组长；安保组，中央政法委秘书长束怀德任组长。

中央对香港回归交接仪式和庆祝活动，总体上是八字方针：庄严、隆重、俭朴、热烈，要求"精心筹备，精心策划，确保安全"。通过同英方进行交涉谈判的中英联络小组组长赵稷华大使，我们得知英方提出希望"体面地撤离香港"，势必要制造"故事"，形成舆论。

据此，筹委会的各个小组和各相关部门，按照中央的要求和部署，开始了前期的准备工作。

宣传组专门负责香港回归的有关庆祝活动的宣传组织工作。由中央外宣办（国新办）牵头，国务院港澳办、新华社香港分社、文化部、广播影视部等单位一起参与。宣传组统筹对内对外宣传，其中围绕九七的纪念活动如征集歌曲，举办大型图片展、书画精品展，举办迎新音乐会，1997 年 7 月 2 日晚在北京将要举办的庆祝香港回归大型文艺晚会，拍摄相关电视片、纪录片以及回归的电视、广播的转播和报道由文化部、广播电影电视部具体负责。此外，宣传组还安排新华社编辑出版香港回归的纪念画册，由中国人民银行届时发行香港回归的纪念币，邮电部发行纪念邮票、纪念封等。当时，还确定了纪念庆祝活动的部分原则：一方面要热烈，要隆重喜庆；另一方面要防止过多过滥，尤其是要防止商业化、庸俗化，防止有少数单位和个人利用香港回归牟取商业利益。为了庆祝活动能够有效推进，在宣传小组下又设立了办公室，由国新办港澳台局和国务院港澳办社会文化司负责，对外以后就称作香港回归庆祝活动宣传办公室。

为了加快推进新闻安排方面的有关部署，尽快与英方就工作

　　1996年1月26日，香港特别行政区筹委会在北京成立。这标志着中国对香港恢复行使主权的准备工作进入具体实施阶段。

位于北京亚运村附近的国务院新闻办公室旧址

细节展开谈判，中央决定由国新办牵头组建中方专家组，具体落实这项工作。（所以就有了本书开头时所说的要抓紧起草中方谈判方案一事——笔者注）

1996 年 11 月 14 日中午，办公室响起急促的电话铃声，我接起一听是外交部港澳办处长陈山民打来的电话，他用急促的口吻说，中英联合联络小组关于香港交接仪式的会议纪要已经签署，各方面的工作都要抓紧推进。现在外交部正在推进关于交接仪式的礼宾安排。因为新闻安排是由国新办负责的，根据外交部领导的指示，希望跟国新办主管部门抓紧取得联系，抓紧推进。他还说，中英达成协议的会议纪要是一个宏观的表述，其中涉及的工作会十分艰巨复杂，需要抓紧研究提出方案，可以召集一个由外交部、国务院港澳办、新华社、广电部等单位参加的协调会，大家一起来讨论。我从他急促的声音中可以感受到外交部同志强烈的紧迫感和责任心，当即表示会抓紧汇报，并积极推进这项工作。

陈山民是一位经验丰富的外交官，曾在多个使馆工作过，被委任负责香港回归的有关工作。从这次电话后，我们始终保持着工作热线，一起推动香港政权交接仪式新闻安排和相关工作，在这一过程中，山民同志对我们的工作给予了大力支持。以后我们又一起参加了香港回归前方工作小组，携手同行，在工作中结下了深厚的友谊。

2/万众瞩目

香港政权交接仪式

　　香港回归祖国倒计时一周年前夕，中英联合联络小组围绕香港回归的一些重要问题，如财政预算案编制问题、设立终审法院问题、居留权和护照问题等的谈判逐步达成协议。之后，双方即就政权交接仪式有关问题展开了谈判。

　　历史证明，中英联合联络小组（Sino-British Joint Liaison Group）的工作是香港回归整个大格局中十分重要的一环。中英联合联络小组这个临时性的外交机构很有些特殊性，在世界外交史上也不多见。双方的代表处都以香港为驻地。

　　这个机构的构想可以追溯到 1984 年 4 月 11 日中英关于香港前途问题举行的第十二轮谈判，当时，中方向英方提出"中英联合委员会草案"，英方代表担心此举会造成 1997 年前中英共管香港事务，使港督沦为"跛脚鸭"而极力反对。直至同年 6 月第十六轮谈判，双方决定成立起草正式文件的工作小组，商讨联合机构的组织草案，英方对此态度仍不积极。

1984 年 7 月 28 日，中国政府代表团团长周南带着邓小平的指示，向英国外交部副次官柯利达提出联合联络小组进驻香港的最终方案，并告知必须年底就签正式协议，否则英方须承担谈判破裂的风险。

英国首相撒切尔夫人听取了正在北京访问的外交大臣杰弗里·豪及港督尤德的汇报，决定妥协。由于英方曾经顾虑中方一旦在香港设立联合联络小组，中方代表处就可能变成"第二个权力中心"，特别要求在"附件二"里写入"联合联络小组是联络机构而不是权力机构，不参与香港或香港特别行政区的行政管理，也不对之起监督作用。联络小组的成员和工作人员只在联合联络小组职责范围内进行活动"。这段话对中方不存在困难，既然对方坚持，写上了更显得接受方的大气。

鉴于这个外交机构是专门处理香港平稳过渡和政权顺利交接具体事宜的，依据中国国务院内部建制和各部职责，联合联络小组中方代表处隶属外交部和国务院港澳事务办公室双重领导。中英联合联络小组的磋商涉及香港政权交接的方方面面，下设不同的专家小组，分别由双方代表率领，并且集合两国有关这些方面的专家。每项议题都须先在中英专家小组层面磋商一致，然后提交联合联络小组全体会议通过，最终形成具有约束力的国际协议。

1996 年 9 月 27 日，中英联合联络小组中方首席代表赵稷华和英方首席代表戴维斯签订了关于香港交接的联合会议纪要，就香港政权交接仪式达成了原则共识。根据双方达成的共识，确定了中英两国政府将在 1997 年 6 月 30 日午夜前后在香港举行一个庄严得体的仪式，标志着《中英联合声明》所规定的英国政府将香港交还给中国，中国政府收回香港对香港恢复行使主权并设立香港特别行政区。

围绕香港回归的各项重大活动，主要有四场，其中香港政权交接仪式是第一场，也是"重中之重"。

据中方代表赵稷华大使回忆：

我出任中英联合联络小组中方首席代表是香港回归前的最后三年，有幸直接参与了交接仪式的谈判工作。这项谈判是我任期内给我留下最深印象和最多感触的一段经历，其中，交接仪式的谈判是小组工作的一个典型缩影，它集中反映了谈判双方从交锋、博弈开始，通过沟通、理解、磨合，最终达成合作共赢的过程。

关于香港回归交接仪式，现在人们印象深刻并津津乐道的往往是仪式上降、升旗的准确安排，旗帜如何能在室内飘扬，以及军事仪仗队的表演等精彩细节。但是，最后呈现在世人眼前的完美仪式背后有一个颇为曲折的谈判博弈过程。

由中英两国外长商定设立的香港交接仪式专家组于1995年12月开始工作，至1996年3月共召开了三次正式全体会议。由于双方政治考虑的不同以及意识形态、理念的差异，谈判一开始就步履维艰、进展缓慢，在仪式的指导思想以及与之直接相关的仪式场地这些根本问题上形成"顶牛"状态。三轮谈判过后陷入僵局，不得不中断下来。港英总督彭定康甚至公开扬言，如谈不成，就各搞各的仪式，可以不搞共同仪式。这显然是一种"走边缘"的策略手法，中方不为所动。

这样拖了三个月后，双方又开始接触、磋商，但未再开正式的专家会，而是由双方首席代表携几位助手举行一系列非正式会晤，比较"务实"地探讨解决分歧的办法。这样又谈了三个月，终于在1996年9月达成了原则协议，签署并经两国外长确认后公布了一份"关于香港交接仪式会谈纪要"。文件解决了仪式的总体原则、地点、主要内容、出席人员、新闻报道和安全保卫工作等基本问题。此后，直到1997年6月底，双方人员根据协议紧张工作，就大量细节作出了妥善安排，包括：仪式程序、会场布局、嘉宾邀请等。这仍然是双方不同想法、理念的磨合过程，双方既密切合作，也不时发生激烈争论。最后阶段，又成立了处理礼宾

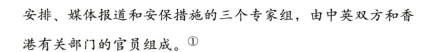

安排、媒体报道和安保措施的三个专家组，由中英双方和香港有关部门的官员组成。①

在为时一年半的磋商过程中，主要涉及以下几个方面的实质性问题。

一是仪式的总体考虑。

起初，中英双方各自心目中对仪式的设想相去甚远。英方提出，仪式应是"盛大"而"体面"（或"尊严"）的，意在显示英方在香港留下了"光辉业绩"，并十分关注自己是否能体面、尊严地离去。中方则强调，仪式应是"庄严"而"简朴"的，突出展示中国收回香港、洗刷百年国耻的严肃政治含义，但规模不宜过大。所以在协议文本中"总体原则"一节对仪式的界定（两个形容词）上争执不下。中方提出的"庄严"一词，英方没有理由反对；而英方提出的"体面"一词明显是从英方角度说的，中方不接受。最后中方提出了折中的"得体"一词，照顾了英方的关切，从而达成了妥协。协议文本中就采取了"庄严"和"得体"这样两个定语。这种界定当然还是比较抽象的，在谈到具体的仪式地点问题时，双方的不同指导思想又发生了激烈交锋。

---

① 赵稷华：《忆香港回归交接仪式背后的中英博弈》，转引自全国政协文史和学习委员会，香港文史编辑委员会编：《紫荆花开映香江：香港回归二十周年亲历记》，中共党史出版社 2017 年版。

二是仪式的场地。

英方强烈要求，选择位于港岛东添马舰的一片露天广场临时搭建一个会场，举行一个上万人的"盛大"仪式，并以香港中环高楼大厦五光十色的夜景作为会场背景，向世人展示"东方明珠"一片繁荣的景象。

中方则强调，仪式的安保工作必须做到"万无一失"，室外场地显然不利于此；且香港六七月为多雨季节，届时如果遇雨就很难操作，所以坚决不同意搞室外仪式。根据当时香港的场地条件，中方建议在维多利亚湾边的"香港大会堂"（可安排一千两百个座位）举行一个较为"简朴"的仪式。英方反对这个提议，认为它太狭小，结构也不符合安排盛大仪式的要求。双方谈判初期，就在地点问题上陷入僵局，并导致谈判中断。后来，随着其他实质性问题的进展，作为"一揽子"解决的一部分，在地点问题上双方立场也逐步接近，终于各让一步：英方同意在室内搞，中方也同意适当扩大仪式规模（四千人左右），便共同选择了当时还在兴建中的新会展中心前厅（但需将工程完工日期提前，并修改部分设计，时间十分紧迫）。最后的实践表明，仪式举行前后香港果然连降大雨，如在室外将遇到很大麻烦。

三是仪式的内容。

香港的"交接"应以什么样的具体行动来体现？这是最主要的实质性问题，双方都十分重视。

起初中方设想在两个地方同时举行政权交接和防务交接两个仪式，防务交接在香港英军总部大楼举行。英方表示，从出席官员的安排、媒体报道等具体操作的角度看，同时搞两个仪式很困难。双方很快同意搞"二合一"，用一个整体的仪式表现政权和防务两方面的交接。具体的形式，除双方主持仪式官员中包括军官，双方代表团团长致辞，降、升国旗、奏国歌外，还可以安排双方军事仪仗队的敬礼仪式和军乐团的演奏，以体现防务交接。

中方开始时设想在仪式上交接一份书面的"交接书"，以更形象地体现"交接"之举。英方认为，时间已经很紧迫，双方再开始谈判一个新文件的措辞，按照以往经验，可能十分费时；况且，从法律上说，《中英联合声明》的签署、生效已实现了香港政权回归中国，故不必再搞一个"交接"文件。中方接受了英方的意见。

按计划，交接仪式之后，中方将马上举行香港特别行政区成立和特区政府官员宣誓就职大会。中方认为，交接仪式是中英两国之间的事，而特区成立大会是中方自己的事，故在交接仪式上只降、升两国国旗，特区成立大会上才升特区旗。英方坚持认为，交接仪式应包括特区成立的内容：中方致辞中应宣布特区成立；降、升国旗时要同时降、升原香港旗和特区旗。其理由是，《中英联合声明》规定的英国交还香港，中国收回香港、恢复行使主权并设立香港特别行政区，是双方的一个整体承诺，交接仪

　　1982 年 9 月，中英开始关于香港问题的谈判。从此时到 1983 年 6 月，双方主要就原则和程序问题进行第一阶段谈判；1983 年 7 月到 1984 年 9 月，双方就具体实质性问题进行第二阶段的 22 轮谈判。图为 1983 年 7 月 25 日，中英两国代表团在北京会谈

式应完整地标志出这些内容。中方接受了这个意见，双方较快地达成了一致。后来交接仪式上就出现了引人注目的两组不同高度的旗杆，同时降、升国旗和区旗。

四是仪式的布局。

布局涉及许多具体安排，其中主要一点是主席台上如何安排。英方原设想把应邀前来参加仪式的各国政要嘉宾安排在主席台上就座，以"见证"这一历史时刻。中方当然也很欢迎多国嘉宾来祝贺这一盛事，但基于香港问题是中英双方之间的事，不能"国际化"的一贯立场，认为不宜安排他们上台，而宜坐在台下会场内观礼，以避免给人"国际监督"的印象。最后是按中方意见办的。

五是新闻媒体的采访。

英方强调，各方新闻媒体都可"自由报道"仪式，对提出采访要求的各方新闻人士不能进行"政治审查"，应按"国际惯例"进行身份鉴定。

达成原则共识后，如何具体组织实施推进，仍然面临着复杂的形势，是一项十分艰巨的任务。虽然说香港政权交接仪式是由中英双方共同举办，但当时香港仍由英国政府管理，英国方面控制掌握了各种资源。无论是撤离前，还是在撤离过程中，英国势必要把文章做足。根据我们掌握的情况，英方一直在想办法营造英国人离港港人"依依不舍"的氛围。末任港督彭定康曾经自嘲

"殖民地的总督就像是苏门答腊的犀牛、佛罗里达的海牛，都是濒临绝种的动物"。而唯其"濒临绝种"，更要干出一番不同凡响的事来，要成为香港回归过渡期最大的搅局者，因为那恰恰可以为他的政治生涯"缔造耀眼的收视率"。

3 拉开帷幕

中英开启新闻安排谈判

对中方来说，交接仪式上的各个环节，包括降、升旗过程、领导人出场、离场等的拍摄、新闻报道，是十分敏感和重要的。如何妥善安排，如何能够掌握主动，势必影响整个交接仪式的效果。对此，新华社香港分社、国务院港澳办、国新办等各部门纷纷在调研的基础上提出自己的方案。

中英联合联络小组设立的新闻专家组，对外称中英联合新闻工作小组，专门来磋商处理关于媒体报道、新闻和广播中心建设运作等事务。

英方分别于1996年7月4日和8月21日，先后提出两个"说帖"①，

---

① 说帖，一般为大使或其他高级外交官，向对方官员就某事提出交涉或者与其洽谈重要问题时，使用的"谈话稿"式的对外函件，是一种非正式的"白头文书"，打印在普通白纸上，没有规定的格式，不签名不盖章，不能被视为正式文件——编者注

也就是方案，对新闻安排的一些内容提出了建议。比如各国记者报名采访时采取"认可证明程序"，就是按照香港政府的做法，前来采访的记者不需要领取工作许可证。记者提供其详细资料，包括姓名、身份证、照片以及所代表的媒体，便可得到港府新闻处的认可证明并发放采访证。凭此采访证，记者便可进入新闻中心进行采访活动。又比如，关于集中采访安排（Polling System），英方表示，在采访香港政权交接仪式时，由于场地受限，到场记者名额有限，可以请记者们抽签，抽中签的记者进入现场采访，但是进入现场采访的记者有责任为其他没有进入现场的记者提供和分享其拍摄视频、图片或重要文字内容。再比如，关于安保检查，记者们进入新闻中心前或者进入特殊场地前警方会对他们进行安全检查，但英方特别强调对于前来采访的各国记者不作任何政治性审查。以上这些安排全部由港英政府来负责处理。

对于英方的这些建议，我们在之前的研究中也有考虑。一方面，我们要充分尊重香港的特点和政权交接仪式在香港举办这一现实情况，对媒体记者的管理尽量和国际惯例接轨；另一方面，我们也要向英方明确，中英政权交接仪式是中英双方共同主办的，各项事务都需双方共同研究磋商决定，而不是由英方或者港英政府单方面来决定，这是一个原则性的前提。涉及宣传工作的各部门都积极配合，勇于任事：国务院港澳办、新华社香港分社、国新办等先后组织力量开展研究，特别是新华社香港分社在前方的调查，为我们更好地了解英方和香港政府初期的想法提供了便利。通过调查研究，我们提出了工作的指导思想和原则——要通过香港回归的新闻安排，有利于香港的平稳过渡和政权的顺利交接，有利于未来香港特区政府的建设。考虑到香港的特殊国际地位，应当打开大门，欢迎世界各国的媒体来港采访，欢迎他们报道香港政权交接仪式以及各项重大庆祝活动。作为东道主，我们理应为各国媒体采访提供必要的条件和支持，同时也应要求各国媒体严格遵守相关的规定、香港当地的法律法规。我们估计，届时会有四千到六千名来自一百多个国家的新闻记者参加香港回归活动的采访，堪称是一场世界级的媒体盛会。

新闻安排方案需要考虑的首要内容是建立一个协调会商机制。根据中英联合联络小组达成的共识，将成立一个新闻专家组，我们就以此为主要抓手，提出应该由中英联合联络小组下设的新闻专家组就香港交接仪式的新闻安排重要问题进行磋商，以致后来推动落实。双方专家组协商讨论各方的建议要求，具体工作可以委托港府新闻处来操办。需要新闻专家组协商解决的主要问题涉及：受理各国新闻记者采访申请的原则、对新闻广播中心运作提出意见、交接仪式现场采访安排、确定有关交接仪式电视、广播的直播，等等。专家组由中英两国政府委派的官员组成，双方各设组长一人，可根据需要不定期地召开会议，下设新闻联络官员若干，主要负责落实专家会议确定的事项，并且与港府新闻处、新闻广播中心等机构联络。中方的新闻专家组将来也可以根据香港回归接收仪式及庆祝活动筹委会的意见，在交接仪式结束后继续围绕香港回归后的一些庆祝活动的新闻安排开展工作。因此，建立一个协调统筹机制显得十分重要。

第二项重要工作是建立一个新闻广播中心。对于这个中心，相关部门考虑较多，新华社香港分社、国务院港澳办都提出过一些设想。为此，我们还专门听取了参加联合国世界妇女大会新闻工作的有关负责人的意见，了解世妇会这样一个大型国际活动的新闻安排是怎么做的。综合国内以往举办大型活动的经验，我们当时认为新闻广播中心不仅要承担服务功能，而且是一个统筹指导协调机构，是一个联合的新闻广播中心，双方都派人来参与管理。工作层面，下设若干工作组，比如记者接待组负责核实记者身份、发放采访证等；现场采访联络组负责仪式现场记者调度组织；资料组负责发放文字、图片背景资料。我们考虑到，中英双方发放的内容肯定不一样，所以资料组可以分开工作，在同一地点有各自的办公室，各自发放不同材料。我方还可以提供关于香港问题的历史背景资料、领导人讲话、中方的有关声明等。

通过多次沟通，我们逐步对新闻广播中心的建设有了一些新的考虑。在最早的方案中，我们主张中心的领导层要实行双主任制，即中英双方各派一名主任，负责联合管理，来协调可能出现的问题矛盾。但根据港府以往的做法，新闻中心更多地是服务工

　　1993 年 7 月，全国人大常委会香港特别行政区筹委会预备工作委员会在北京宣布成立，开始为特区筹委会的工作进行筹备。图为 1993 年 7 月 16 日，全国人大常委会委员长乔石向香港特区筹委会预备工作委员会委员霍英东先生等颁发委任书

作，主要是为记者的采访提供服务，所以我们也做了相应的调整，不再坚持设立双主任、双机构这样的管理体系，提出中心从设计、施工、设备购置以及基本运作可以由港府负责，中英双方专家组提出指导性意见。中心的主要职能是：发布消息、收集信息、提供设施，为采访的记者提供各种服务。向媒体提供的各种资料原来是各做各的，改为由双方共同商定。同时，要求新闻广播中心要保证中、英及香港本地新闻机构在使用设备、发布信息等方面的优先权。我方希望中方技术人员能够参与中心的技术管理工作，要求港府聘用我方的技术人员参与广播电视工作，尤其是中央电视台音频视频信号传送系统的工作，确保中央电视台的直播节目能够顺利发送。

第三项是关于电视转播权问题。根据国际惯例，重大活动一般由主办方提供一个没有旁白的国际公共信号，送到国际广播中心，供世界各国媒体记者采用。政权交接仪式是一项重大的政治活动，由中英双方共同主持，所以双方都拥有转播权。我们坚持中方一定要保持参与权，保证在转播的画面上能符合双方的利益，达到中英平衡。要防止英方对画面控制，出现贬损我方形象的情况。在前期研究中，我们的相关部门提出了两套方案。第一套方案是因为当时英方指定香港电台牵头，联合香港的其他电视台准备组成直播团队；我们认为不应由港府自行其是，中方要有参与权，所以提出了一个联合采访、转播制作的方式。可以联合制订一个电视拍摄的脚本，确定分镜头的内容，包括对一些重要环节、领导人的镜头、拍摄降升旗等都做出规定，中英双方就拍摄的内容达成一致后，由港府联合摄制团队严格执行，或者请中央电视台一起参与。第二套方案是各自转播的方案。根据中英共同拥有转播权的原则，在交接仪式现场设置中方转播组，与英方的摄制组各自进行拍摄转播。由中央电视台把采访录制的信号传到新闻广播中心，供各国媒体采用；该信号同时通过另一条线路直接传回境内开展宣传报道。在内部的协商过程中，我们就两套方案进行了反复讨论。根据专家的意见，尤其是电视台专家的意见，要联合来录制一套现场的直播信号会十分困难，将面临种种矛盾和挑战，技术上有问题，人员上也可能出现冲突，难以组织实施。最终选择了第二套方案，即中英双方各出一套直播班子分别向新闻中心传输各自电视信号。做出这样的选择，一是有利于贯彻"以我为主"、于我有利报道为主的方针，保证我向内地及国际社会播出的节目是正面的、有利的；二是有利于充分发挥中央电视台在转播交接仪式上所拥有的信息资源、技术资源等各方面优势。中央电视台这些年来无论是自身水平的提升，还是对外传播能力方面都取得了很大的进展，通过这个转播也可以扩大其国际影响力，促使国际媒体尤其是国际主要媒体能更多地采用我方报道。三是便于操作，可避免或减少在这个过程中英双方的冲突。如果采用这一方案，还应强调中方与英方摄制组的拍摄机位数量相等、并列排放，且在会场外要留出数量相当的转播车位置等。

第四项是关于政权交接仪式现场媒体的安排。这个问题相对简单一些，主要涉及两个方面。一是进入政权交接仪式会场一般采访区的记者，届时将根据会场的大小，大约安排两三百名。安排的原则会优先考虑中国、英国及香港本地记者，同时也照顾其他国家的记者。名额有限的情况下，可以采取集中采访安排，用抽签的方式确定进入现场采访的记者名单，尽可能保证各国媒体都有记者在场，进入现场的记者作为共同代表，将拍摄的照片和视频作为公共内容，与大家分享。二是前区（靠近主席台区域）记者，届时根据实际情况确定能够移动的记者人数，以中方、英方和香港本地为主。

第五项是关于记者身份认证。我们提出，来报名的记者，一部分会直接向港府或者英方报名，另有一部分向中方报名。考虑到中英双方都是交接仪式的主办者，各自均可受理采访申请。向中方报名的记者，按照我们以往的活动安排，就向外交部新闻司、新华社香港分社、新华社澳门分社、国务院台办等报名，国务院新闻办将汇总报名信息集中转交到港府新闻处，交由新闻广播中心来进行身份确认。具体受理的情况要求港府新闻处能够及时向中英双方及新闻专家组通报。

在研究谈判方案时，还就七一前后除了香港政权交接仪式外，将要举行的一系列重大活动新闻安排做了通盘考虑。包括采访报道的场地、设备保障、电视转播、记者采访证的核发，等等。比如中方将组织举办的香港特别行政区成立及特区政府就职仪式、7月1日下午的庆祝大会、晚上的招待酒会和香港各界的其他庆祝活动，初步提出了意见。在场地许可的情况下，尽量满足中外记者的采访要求；如果受场地限制，尽量安排各新闻机构有一定比例人数记者参加，也可采取集中采访安排。电视的转播，届时将由中央电视台和香港的电视机构，向新闻中心各自传送一套信号或者协作、合作拍摄。对前区采访的记者人数也作出适当安排。除中方活动外，我们就英方在零点政权交接前后举行的一些大型活动，如英军撤出前的阅兵、6月30日的告别晚宴、交接仪式后的离港活动等做了考虑，认为我方应派出摄像摄影、文字记者参与采访。这样既可以了解英方活动的有关情况，也可以拍摄记录相关资料，编制一些电视节目，进行相关报道。

谈判方案起草后，征求了各方面的意见，又经过了专题研究讨论，上报中央，得到了中央领导的肯定。这为我们下一步的谈判提供了一个很好的遵循和保障。

4 隔空对招

谈判前的准备

就在我们抓紧起草关于香港回归交接仪式新闻安排的谈判方案并上报时，1996 年 11 月 21 日，英方通过中英联合联络小组又传来了一份说帖，是关于新闻广播中心的设计安排的。

英方提出，由于新闻广播中心设计工作必须在 1997 年 1 月完成，这样才来得及按时建成投入使用，所以希望中方尽快提出意见，并表示近期可安排一次简介会。说帖中还提出，由港府新闻处具体负责运行新闻广播中心。港府立法局财务委员会已同意为交接仪式拨款两亿三千三百万港元，其中重要的一部分就是用来建设新闻广播中心的。新闻广播中心建设十分复杂，包括各种庞杂的设备，因此，设计工作、各项设施和仪器设备购买、准备材料等都需要大量时间。英方已要求合作的顾问公司为中心草拟了一个设计方案。港府目前正在广泛地与各家媒体包括内地媒体联系，了解他们的具体需求。这样便于在设计时将实际使用效果充分考虑进去。说帖希望12月中旬前得到中方的反馈。

根据英方目前掌握的情况，有三百多家国际和本地的新闻媒体表示有兴趣采访交接仪式及相关活动，包括一百一十六家报纸、二十八家新闻社、七十七家电视台、四十家电台和四十一家刊物。预计参与的新闻工作者人数将增至六千人。12月份左右，英方将进一步调查和收集相关情况。

说帖中具体介绍了新闻广播中心的设计思路和设备要求。新闻广播中心将设在香港会展中心七楼，面积约九千三百平方米。为满足文字和电子媒体的不同需要，新闻广播中心将分为文字媒体提供服务的新闻中心和为电视广播媒体提供服务的广播中心。两部分的结构和面积可以根据实际需要进行调整。计划新闻中心占地四千平方米，由活动隔板分开若干工作间，为文字记者提供电源、电话和传真线，可同时供六百名记者使用，每个工作间的大小可以根据媒体的需要做调整。新闻中心还将设立大型的电视屏幕，提供冲洗胶卷的设备和服务等。广播中心有主控室接收处理、传送交接仪式现场和主要会场传来的视频、声音信号，并提供卫星上行服务。交接仪式的直播信号将通过主控室传送给一百多家用户，并通过卫星进行国际直播。广播中心为电台提供约一百六十个广播间，每个广播间可直接接收直播信号，并提供数据电话和传真线路。香港电台负责主控室，为用户提供交接仪式和主会场的直播信号。香港政府新闻处负责管理中心和与媒体联络。港府将制定使用新闻广播中心各种设备，如租用广播间等的收费标准。此外，说帖中还附上了一张新闻广播中心设计框架的图纸。

与此同时，新华社香港分社和有关方面也向我们传送来了英方的这一最新建议。促使我们抓紧考虑与英方直接接洽、谈判。

在这一过程中，中英双方谈判讨论将邀请嘉宾的情况时，也涉及新闻媒体的安排事项。根据英方的初步设想，香港会展中心二期举行交接仪式的大会堂，可安排四千左右人员落座。这不包括仪仗队乐队和中英双方的主要代表——笔者注。其中包括国际官方嘉宾及政府代表和国际组织代表四百人，媒体代表四百人，中英双方各自邀请嘉宾一千六百人，包括主要代表之外的国家代表团、海外非官方嘉宾、外国政府代表和国际组织代表之外人员等。中英双方各自拟定嘉宾名单后，然后交换名单，以确保名单没有重叠，如有空出的名额再由双方平均分配。英方建议，国际嘉宾一般邀请外国政府代表，包括 APEC 和欧盟成员的部长级代表，以及印度、瑞士、俄罗斯、尼泊尔和巴基斯坦等国的代表。邀请外长出席，当然有国家愿意派出副总理或贸易部长也可以灵活处理。每个高级政府代表安排三个座位，他们可自行决定携配偶或助手。邀请在港各国领团，不带陪同人员。邀请澳门总督。

国际组织方面建议邀请联合国秘书长，和香港继续保持联系的国际组织的秘书长。建议邀请 APEC 总干事、英联邦秘书长、东盟主席、欧盟主席等。其中，媒体代表的四百个席位，不包括在现场负责电视转播的记者和在前区拍摄的记者。四百个座位大概是来港采访记者总数的百分之十，争取每个新闻机构都会有一名代表进入会场。英方还建议，双方达成一致后，发给所有嘉宾的请柬是一样的，措辞可以是中性的，这样符合中英两国政府共同主持仪式的精神。名单确定后，请柬由港府负责发出。

收到中英联合联络小组中方代表处（简称"中代处"）11 月 21 日转来的英方说帖后，我们抓紧研究，并作出回复。一方面是时间越来越紧迫；另一方面考虑到活动在香港举行，英方掌握着资源和主动权，考虑到当时谈判过程中微妙的中英关系，担心英方自说自话，单方面作业，在某些关键问题上形成既定事实，使我们陷于被动。

12 月 10 日，我们通过中代处向英方提出，同意尽快安排情况介绍会，可以由中代处出面，部分新闻专家组成员参加，听取英方的介绍。同时，我们提出希望双方尽快成立新闻专家组，就新闻广播中心的设计运作、交接仪式、电视直播及其他有关新闻安排进行磋商。在这过程中，草拟的新闻安排谈判方案也得到了中央批准。

12 月 23 日，我们收到中代处的一份电报。电报说，英方代

作者与田进局长（右）

表在与中方的例行会晤中表示，英方准备于 12 月 31 日就有关香港交接仪式和新闻广播中心的问题向中方做简介会，并且英方的有关专家希望与中方负责新闻工作的专家进行详细讨论。对此我们感到很兴奋，因为经过了相当一段时间前置工作，马上就要开始与英方面对面短兵相接，开始真正的谈判交涉了。

随即，我们立即启动相关工作：一方面成立新闻专家组，经与相关部门研究，由国新办牵头，会同港澳办、外交部、广电部、新华社香港分社等设立新闻专家组。经批准确定了新闻专家组的人员：由国新办港澳台局局长田进担任组长，国务院港澳办社文司副司长卫陵彦担任副组长。成员除我之外，还有来自外交部、新华社香港分社、国务院港澳办、中央电视台等有关部门同志。

12 月 13 日，新闻专家组举行了第一次会议，由田进主持，各成员均到会。田进介绍了专家组成立的情况、工作任务和下一步打算。专家们围绕着拟定的谈判方案，进行了广泛深入的讨论，就各个方面的内容进行细化商讨，并且对第一次谈判怎么来进行，做了一些初步的考虑。

随后几天，我们抓紧开展调研和了解情况，分别约请了人民日报、新华社、中国日报、中央人民广播电台、中国国际广播电台、中新社等中央赴港采访媒体，了解他们的报道计划安排和对在香港新闻广播中心以及进入现场采访的需求等，尤其是与中央电视台，围绕电视转播的条件、信号的传送、广播间的使用等进行了深入的讨论。

同时迅速启动中方专家组赴港事项，包括办理签证等赴港手续，到港接待、谈判等相关事宜。更重要的是，我们根据方案，抓紧起草谈判的具体对案，包括谈判打出的内容、高中低方案，对于英方可能做出的回应的判断，根据英方不同回应如何做进一步交涉等。

在此过程中，我们通过新华社香港分社了解了港府新闻处的准备情况，得到了一些很具体的信息。据了解，港府负责香港回归交接仪式新闻采访安排的负责人是统筹办公室助理新闻处长谭罗南华、总新闻主任洗锦甜以及其他几名官员，他们将负责记者的报名、场内记者的安排、新闻中心和广播中心的设计建设等。此时，港府新闻处正在紧锣密鼓地了解各国记者报名采访情况以及他们的具体需求。英方安排会场内的记者席大多固定在后场，约三十个电视摄像机机位，前场只安排少量的采访记者。新华社香港分社还介绍了英方组织的活动情况，包括 6 月 30 日下午 5 点左右，英国人将在添马舰举行一个所谓的"告别仪式"，现场也将安排记者采访，约设有二十个电视摄影机机位。上述各种信息，对我们即将进行的谈判，是很有用的。

12 月 25 日新闻专家组举行了第二次会议，就细化的谈判对案进行了讨论研究。

就在中方专家组代表团即将启程赴港的时候，12 月 27 日我们又收到了英方的一份新函件。函件一方面明确了 12 月 31 日简报会的内容，另一方面对马上成立双方新闻专家组表示了质疑，提出包括交接仪式、场地规划设计、广播电视报道的安排正在进行，先就这些宏观问题交换意见，晚些时候，等到规划取得进展了，他们才愿意考虑设立一个专家小组。设立专家组是双方早已确立的，但此时英方有意退缩，也许别有用意。

英方总是在一些关键时刻提出一些新的节外生枝的建议，让有关工作难以顺利进行。特别是在我们出发前接到的这份"新函件"，给我们增加了一丝隐忧。

5 短兵相接

第一次赴港谈判

1996 年 12 月 28 日，中方专家组一行出发前往香港。中午时分，专家组的田进、我、港澳办卫陵彦、外交部龚建忠、中央电视台领导及丁文华等，大家从不同单位、地方来到机场，集中统一办理出境手续。登上了 CA109 航班，13∶40 起飞，17 点多，飞机飞临香港上空。那时香港使用的启德机场在市中心，从飞机的舷窗向外看去，下面高楼大厦林立，各种建筑密密丛丛，显得既繁华又拥挤。《诗》云：谓天盖高，不敢不局。谓地盖厚，不敢不蹐。这是我第一次来香港，想到这里即将发生的一系列重大事件，心里别有一番感受。

新华社香港分社宣传部的周珊珊副部长和我办派驻香港在宣传部工作的陈文俊到机场迎接专家组，入关手续一切顺利。抵达分社晚饭后，专家组进行了初步的讨论，就明天的事项做了一些研究。晚上9点多，我和外交部的龚建忠参赞迎着夜色到外面散步，我们来到了铜锣湾、中环大厦等，感受着这个被称作世界五大中心、东方之珠的城市的特别魅力。

第二天也就是29日上午10点许，中英联合联络小组中方代表处王维扬代表来到分社，和专家组一起会商。田进局长介绍了工作进展情况和方案的主要内容。据王代表说，英方现在极力反对成立专家组，主要是他们怕中方通过这个对他们进行牵制，给他们出难题。在涉及香港回归的其他有关问题谈判时，如档案移交、资产交接等问题上他们也有这种情况，总想掌握主导权。王代表也介绍了谈判大致安排的地点、时间等。我们首先围绕正式会谈是由王代表还是专家组来牵头进行了讨论。中代处意见应由专家组直接谈，而我们认为根据原先确定的方案，以及从效果考虑应先由中方代表来牵头进行会谈，这样规格更高更正式一些，也许对英方是一个促进。王代表表示要向赵稷华大使请示，然后作出决定。会后我们又就有关方案进行了一些修改。

12月30日上午，新华社香港分社办公室副主任刘克全及相关同志陪同专家组来到会展中心二期工地进行现场考察。这里正在紧张地施工中，来到工地后，每个人都被分发了安全帽，告知了注意事项，然后跟随刘克全副主任来到会展中心二期五楼的交接仪式现场和在七楼的特区成立大会举办场地，以及新闻广播中心所在地。下午刘克全副主任又专门在会议室向我们介绍了香港政权交接仪式前后的有关活动和场地安排，包括 7 月 1 日上午的庆祝大会、下午 4 点的庆祝招待酒会，以及晚上的活动和香港民间举行的一系列庆祝活动，这样使得我们对整个香港回归期间各项活动及场地有了一个比较具体的了解。

下午 3 点左右，王维扬代表又来到分社与专家组开会，介绍了一些最新情况：确定由他作为中代处代表先出面会同专家组与英方会谈，相关安排也已通知英方；英方将由时任港府交接仪式统筹处长林瑞麟作为团长谈判，中英联合联络小组英方代表处二秘贝西蒙作为英方成员一起参加；进一步确定了会谈的程序，先由英方做简报，听完简报后，我们可以讨论并发言。英方也十分重视此次会谈，他们安排了几名与我方代表相应的官员一起参加，并且确定中午由英方首席代表戴维斯大使出面宴请中方专家组一行。田进同志主持专家组会议，围绕着最新的安排就如何做好明天谈判及有关说辞，紧张地进行谈判前的最后准备。

1996 年的最后一天，即 12 月 31 日，恰是双方"鸣锣开市"，开始正式谈判的第一天。早饭后，专家组一行乘车前往坚尼地道二十八号，这里是中英联合联络小组例行谈判的重要场地，也是历史的见证地。

坚尼地道二十八号，是一座依山而筑的意大利式小楼，黄白相间，庄重典雅。踏入临街的铁栅栏门，须仰视才能望见绿树掩映中的它。这座楼在二十世纪初建成后，曾先后被多个学校用作校舍，俗称"英童学校"，是属于港府的产业。二十世纪九十年代初香港进入基本法颁布后的后过渡期，它被划归中英联合联络小组谈判使用。

9：27许，我们一行到达谈判大楼门口，王维扬代表和翻译已在这里等候。他们上了车与代表团欢迎寒暄，介绍了英方目前准备的有关情况，随后引领专家组进入一楼大厅。这时英方所有参会的人员已在大厅迎候，欢迎代表团。

楼内有上下两层，一层有三个厅，其中两小厅分别供中英代表团休息，另一个正厅双方共用，是达成某项协议后开香槟庆祝或者合影的场所。踩着脚下咯吱有声的古老木质扶梯登上二层，迎面便是唇枪舌剑、握手言欢的主战场——宽敞的谈判大厅以及附设的保障工作室。

林瑞麟与中方人员交换了名片，双方按名签入座。9：40会谈正式开始。

林瑞麟首先发言，他说热烈欢迎中国专家组到香港，今天是1996年的最后一天，半年后香港就将回归，现在各路英雄都已到达。1996年9月27日，中英两国外长就香港回归的安排达成了共识，为我们其他各项工作的推进奠定了非常好的基础。他说，关于香港交接仪式中英联合联络小组下设的几个专家组中，新闻组是最先启动谈判的。

　　王维扬代表接续发言，对林瑞麟及英方各位同事的欢迎和所做的安排表示感谢。王代表说，今天是 1996 年的最后一天，在历史转折的一天召开这一会议有着非常重要的意义。1997 年对中英双方都是十分重要的，9 月 27 日两国外长会晤达成协议，形成了十分重要的会议纪要，为这项工作创造了良好条件。他再次表示感谢，并表示愿意听取英方对新闻安排的介绍，由双方专家组讨论。

　　随后两方分别介绍了参会人员。英方参加的人员除了林瑞麟外还有港府广播处处长朱培庆、新闻处副处长欧锦智女士、交接仪式统筹处助理新闻处长谭罗南华女士、交接仪式统筹办公室项目经理彭嘉士、副政治顾问欧立婷女士、英方代表处二秘贝西蒙、顾问事务助理秘书李颂凭女士、交接仪式统筹办公室官员黄洁怡女士、翻译张敬文。

　　虽然林瑞麟也能说不错的中文，但是在正式介绍时，他还是采用了英文。

　　林瑞麟首先介绍了赴港采访的媒体情况。他说港府 4 月份开展了一项调查，已有三百多家新闻机构表示将来港采访报道香港交接仪式及有关活动，其中有七十七家电视台、四十家广播电台、一百一十六家报纸、四十一家杂志，确定前来采访的记者将达到六千人。港府已向广播电视机构发放了问卷，了解采访的具体要求，此后还会向文字媒体发放类似的问卷。按认可证明程序鉴定来港采访记者的工作，将于 1997 年三四月份展开。具体做法是，由各新闻机构填写表格，提供采访申请和个人资料。关于新闻广播中心，他继续介绍，该中心设在会展一期的七楼展厅，总面积有九千平方米，由港府负责管理。中心分为电子媒体提供服务的广播中心和为文字媒体提供服务的新闻中心。广播中心由主控室负责接收、处理和传送从交接仪式现场和主要会场传来的视频和音频信号，并提供卫星上行服务。新闻中心可供六百人同时工作，提供电话、传真等设备。各新闻机构可根据需要租用新闻广播中心的场地。新闻中心将于 1997 年 6 月 15 日到 7 月 10 日对新闻机构开放，为各新闻机构采访包括香港回归和以后的庆祝活动提供方便。会展中心六楼的一个大厅将作为新闻发布厅，可容纳几百人。关于交接仪式现场的电视信号传输，将由香港电台统筹无线、有线、亚视等三大电视机构负责向广播中心主控室提供现场的公共电视信号。他们考虑到中方在报道方面可能有些特殊要求，将在现场的前区为中国中央电视台和英国 BBC 各提供一到两个摄像机位，在会场的后排也将提供若干个摄像点，这样中方就可以根据公共信号和自己拍摄的内容选择节目素材。同时在会场后区也为其他国际电视机构提供了现场拍摄的机位。关于收费问题，港府将免费提供交接仪式现场和主要活动公共电视信号和卫星上行服务。新闻机构所需付费的是租用新闻广播中心的场地、要求提供额外的设备和使用、交接仪式现场后区为国际电视机构提供的摄像点等。收费的目的是保证有限的场地和设备资源得到合理的运用，保障媒体采访报道和新闻广播中心运作有序进行。林瑞麟在介绍时，还通过 PPT 播放了一些图表、设计、图纸。他说，有关新闻广播中心的设计和规划正在进行，愿意多听听中方的要求和意见，他们会尽可能顾全中方的要求。介绍用时将近 1 小时 20 分钟，到 11 点。从介绍的内容来看，与以往已经传递的内容没有太大的差别。

王维扬向林瑞麟的介绍表示感谢，希望早日得到正式的文字说帖。根据谈判的一般安排，提议休会。

双方人员来到了各自的休息室，这里提供有各种茶、咖啡、点心。田进局长、王维扬代表和专家组的同事们在休息时做了进一步商讨，决定先不就英方方案提出问题、作出回应，按原计划将我方方案打出。田进提出要坚持强调，我方提供一路公共电视信号，并阐述成立专家组的理由。

半小时后，11：30 会议继续。王维扬代表开门见山地指出，我们看到英方前期做了大量工作，同时也看到还有大量工作要做，需要中英双方和港府的共同努力。根据事先安排，我们先听介绍，以后双方专家组可具体讨论。在这里我们也愿向英方谈谈中方初步的一些想法，提出中方专家组的建议，希望英方积极考虑。随后，王维扬代表按我们事先准备好的预案就中方关于交接仪式、记者采访受理、新闻广播中心建设、现场公共电视信号提供、电视信号传输等安排作了介绍。他表示中方同意新闻媒体申请采访，可委托港府新闻处具体受理并实行认可证明方法，确认采访资格。但为了体现中英双方作为交接仪式主办者应有的权利，并使各新闻机构知晓如何提出采访申请，建议中英双方联合发布欢迎各媒体采访及告知具体受理程序的通告。港府新闻处也应将记者报名及受理情况及时通报中英双方，双方可设立新闻联络官，以便互相沟通和与港府新闻处联系。关于新闻广播中心委托港府新闻处负责管理，我们也表示同意，但应确保中英及香港当地新闻机构在使用上的优先权。双方新闻联络官应同新闻中心官员建立联系，以便及时了解情况进行协调。希望新闻广播中心能吸纳适量的中方技术人员参加。他顺势提出了中央电视台和新华社等主要中央新闻机构对新闻广播中心所用面积和位置的需求。关于公共电视信号的提供，他强调指出，根据国际惯例，国际性重大活动由主办方提供电视信号，鉴于交接仪式为中英双方共同主办，中英双方应各自向新闻广播中心输出一路现场的公共电视信号，供各媒体使用。之后，王代表就成立新闻专家组的理由作了阐述，特别指出，现在距香港交接仪式只剩六个月时间，为此双方需就上述问题和交接仪式现场记者安排等重要事宜尽早进行磋商并达成共识，两国新闻官员有必要建立磋商机制，成立新闻专家组。希望英方积极考虑，尽早回应。中方专家组愿随时与英方专家进行磋商研究。

王维扬代表发言结束后，林瑞麟作了回应。他认为，中方的介绍对新闻广播中心的设计规划有很大的帮助，又强调关于交接仪式新闻安排，应该以中英联合联络小组的会议纪要为基础。无论是中方英方和香港当地及国际性机构都可自由报道交接仪式，很高兴中方能支持认可证明的程序。他又强调港府新闻处目前工作的挑战性、艰巨性，认为现在时间很紧，有大量的工作要做，希望在短时间内能够完成任务。同时，他又表示中方向他们提的几点新的意见很重要，他将尽快上报，然后作出回应。

　　一来一往后，他提议再休息一会儿，他们需要和同事研究一下。休会期间，只见英方人员一溜儿烟地离开会场去往他们休息室。大概二十分钟后 12∶44，继续复会。

　　林瑞麟说，他们会很快把说帖提供给中方，同时会对说帖做一些小的补充。对中方所提的意见有一些和他们原来计划不同的，需要上报。他想让中方再次确认，有关中英双方各自向新闻广播中心提供公共信号的方案。王维扬回应道，中方一直严格遵守中英联合联络小组达成的共识，中方所提的这些建议都是符合有关原则，也是按照国际惯例办的。这些内容可以说是新的，也可以说不是新的，是符合会议纪要精神的。关于联合发布通告，作为中英双方共同主办的活动，这理所当然；我们派人员参与技术服务，不是参与管理而是能够更好地帮助港府工作，确保中方有关设备的运转；两国电视台有优先权也是根据中英两国外长达成的共识所提出的。希望英方能够积极考虑，尽快作出回应。田进组长又围绕中英各自提供一路公共信号，做了具体的介绍和阐释，指出此处两路信号是各自团队分别拍摄、同时传送到新闻广播中心，供各媒体使用，并不是备用信号，当然，如果一路出现故障，另一路自然可以被选用。林瑞麟紧跟着说，交接仪式在室内举行，为了提供高质量信号，摆放摄像的机位是有限的，同时又表示会就中方的上述要求进行研究。

会谈结束后，中英联合联络小组英方首席代表戴维斯设宴招待我新闻专家组一行。赵稷华大使、王维扬代表也应邀出席。王维扬代表平时谈判的主要对手、英方代表包雅伦也出席了午宴。

包雅伦是牛津大学法律专业毕业的高材生，曾是英国外交部香港司司长，现在担任常驻香港的联合联络小组英代处"二把手"，中代处的同事私下里习惯称呼他"老包"。老包的夫人是香港同胞，当年在英国留学时结下姻缘，现已儿女成群，他被派来常驻香港，多少也有"照顾"的意思。

下午王维扬和专家组一起就上午的会谈进行初步小结，大家认为，会谈总体是顺利的，符合预期。从英方介绍的情况看，大多数内容我们事先都已知晓，没有太多新的变化。英方表示将认真仔细研究中方意见，并向上级和伦敦报告。从目前英方的表态来看，比预期的要好，没有当场拒绝，有继续谈下去的空间，而且态度也还可以。

中午宴请的氛围也比较友好。据外交部同志说，午宴上英方一名参加谈判的官员说，感觉中方是来积极讨论的，看来双方是希望把交接仪式搞好的。中方专家组也研判，英方肯定不会痛痛快快地全盘接受我们的建议，难免会出些难题和限制。下一步我们要深入研究英方可能作出的回应，提出低、中、高三层方案，以便进一步推进谈判。相信英方的反馈不会拖得太久。

当天下午，专家组一行还专门去了红勘体育馆，按当时计划7月1日下午将在这里举行隆重的香港各界群众庆祝香港回归的大型活动和文艺晚会，中央媒体将会进行全面报道，有必要对现场做考察了解。

晚饭后，田进、卫陵彦、龚建忠和我进一步讨论了会谈的后续工作，就向北京报告事项做了分工，由我和龚参分别起草相关文件，并且商定明天上午去中代处发回北京。随后我和龚参抓紧时间进行总结的有关文字工作。

夜渐渐深了。午夜时分，我隔着窗户向外望去，再过一会儿将送别1996年迎来新的一年，此时此刻在香港度过，别有意义。辞旧迎新的最后一天，参加了中英关于香港政权交接仪式新闻安排的谈判，这无论如何是人生历程中难得的一次经历，也是一项重要的工作和使命，我为此感到自豪。同时，这也意味着即将到来的新的一年，我将为此而奔波，也会经常来到香港，为香港回归工作做出自己的努力。

第二天早饭后，田进、老卫、龚参和我乘车前往华润大厦，中英联合联络小组中代处的办公室。

中代处的办公地点在港岛湾仔港湾道二十六号，华润大厦底座即裙楼。底座的下面几层是公开营业的中艺商场和香港展览中心；五楼以上长期由外交部租用，与下几层隔断。地面专门设有一个出入通道，通道门的上方悬挂着庄严的中国国徽。

我们一行人立即投入到紧张的工作中，当日顺利完成总结报告报回北京。

既然到了香港，我们也广泛地做了一些调研，了解了一下回归期间其他庆祝活动的安排，便于统筹宣传报道。

1997年1月2日上午，我们来到香港各界庆祝回归筹委会，听取了邬维庸主任和范徐丽泰副主任以及相关人员，介绍他们在香港回归前后组织的有关活动。

邬维庸，浙江宁波人，1937年出生，毕业于香港大学医学院，执业后曾任香港医务委员会委员，香港医学会会长，为香港的医疗卫生、社会福利、残疾康复等事业作出了自己的贡献。香港回归祖国前夕，邬先生出任香港特别行政区基本法起草委员会、咨询委员会委员和香港特别行政区筹备委员会委员；为香港顺利回归，"一国两制"和《基本法》的落实，作出了很大的贡献。

邬维庸曾高度评价邓小平提出"一国两制"，他说"一国两制"是一种崇高的理念，它代表着一种哲学，一种符合中华民族传统的哲学。他表示，"一国两制"同时也是十分有益港人的。我们这样一个十三亿人的大国，既是一个强大的后盾，也是一个重大的机遇，一个巨大的市场，巨大的发展空间。

香港回归后，邬维庸出任全国人大常委会香港特别行政区基本法委员会委员，是第九、第十届全国人大代表。

范徐丽泰，是香港顺利回归的一大功臣。作为香港特区立法会的首任主席，她的人生充满传奇色彩。早在 1983 年起，她就开始步入政坛，成为港英政府立法局的议员。由于她问政犀利，行事作风果敢务实，积极为港人争取利益，就有了"政坛黄飞鸿"的雅号。

1992 年，从加拿大回到香港的范徐丽泰将自己早已拟好的"辞职书"交到彭定康手中。半年后，中国政府决定成立香港特别行政区筹备委员会预备工作委员会，范徐丽泰先后担任预委会会员、香港特别行政区筹委会会员，1997 年 1 月她成为了临时立法会主席。当时的临时立法会不被港英当局承认，组织活动受到百般阻挠。不得已之下，每周的开会地点选择了深圳。范徐丽泰和议员们每周六到深圳开会，下午或晚上返回，这种状况一直持续到 1997 年 6 月 30 日。范徐丽泰的努力，香港各界有目共睹，她以一个无党无派的女性，连续担任三届立法会主席，创造了一个"政坛铁娘子"的奇迹。范徐丽泰说过，"中国人要有中国心，不能忘记'一国两制'的'一国'是中国，不能忘记自己是中国人！"范太说，谈到自己，她却谦虚地表示，"不能把'伟大'和我联系在一起，我只是一个很平常的住在香港的中国老百姓。我够不上政治家，只是一个参与政治的人物，我最认同'公仆'这一称谓。"

香港各界庆祝香港回归筹备委员会在七一前后也组织了一系列庆祝活动。1997年6月30日晚，将举办大型的庆祝活动，还将在维多利亚公园组织妇女庆祝；7月1日晚，将举办文艺演出；7月2日有花车表演；其间还有大型的博览会、科技展、音乐会等，还会邀请国内的文艺团体来港演出。陪同人员还介绍了他们与港府有关机构联系的情况，以及组织报道的情况，也希望内地的中央媒体组织好报道。专家组尤其是央视的负责同志予以积极的回应，表示一定会努力报道好庆委会的活动，形成一个好的舆论声势。

中午我们来到位于港岛南区的新华社赤柱招待所，张浚生副社长和社里的领导请我们代表团共进午餐。其间大家也就相关的工作以及香港庆祝活动的报道等做了商讨。

下午，王维扬代表又与专家组进行了一次讨论，就第一次谈判的有关情况、英方可能作出的回复和我们下一步工作作了深入讨论。基于对下一步形势的判断，代表团对回北京后需要做的工作有了进一步的思考。王维扬说，根据一般的经验，一方所提的建议，另一方不会立即回答，会做研究后回复。英方以往总会比较强硬地做回复，但这次留有余地，也很有可能提出一些附加条件，我们也要做好准备。在讨论中大家也提出，万一英方坚持反对我们提供公共信号和双方合作，我们要做出哪些反应。

晚上邬维庸与大家餐叙，彼此就相关的工作作了进一步的研究。

1月3日上午，我们离开了新华社香港分社，赶赴启德机场，搭乘中午的航班离港返京，第一次赴港谈判到此较为圆满地结束了。

6 再探虚实

第二次赴港谈判

　　回到北京后，我们没敢松懈。新闻专家组在田进组长带领下抓紧对第一次谈判内容进行梳理总结，并就下一步谈判提出方案。当时看英方比较着急，多次强调时间的紧迫性，我们初步估计英方应该在一周左右，大概 1 月 10 日，会给我们回复。所以我们也抓紧根据英方当时的表态和一些回复的迹象进行研究，针对英方可能提出的问题做下一步对策。

　　从英方的初步反应看，在谈判时，对我方的建议没有立即作出拒绝性回应，但估计也不会全盘接受，很可能对某些建议提出否定性意见，某些建议要我方再做说明。充分讨论后，我们打算把握住几个主要方面：

　　一是对于我方提出联合发布欢迎外国媒体采访交接仪式通

告，要坚持。强调香港交接仪式是中英两国共同举办的一项具有重要历史意义的大型活动，与此相关的重大活动的新闻安排，理所当然应当由中英双方协商作出决定，所以应该由中英双方联合发出通告。我们也可以指出，中方有关部门也已多次收到国际媒体的咨询、了解，为做好回应，方便各国媒体采访也有必要发布通告，具体事务可以由港府来落实。发布通告也便于建立起这样的一套程序，这样的做法是符合国际惯例的。

二是对于交接仪式由双方各提供一路公共电视信号传输问题，必须要坚持。我方要明确提出中英双方各提供一路电视信号的重要性，指出中国作为一个主权国家与英方共同举办这一重大活动，应享有提供公共信号和电视转播的权利。交接仪式不是由英方一家举办，更不是由港府举办的，这是符合国际惯例的。如果英方以技术理由认为只能有一个团队开展工作，那么我们可以提出由中央电视台来落实好这项工作，必要时也可以请港府的专业人员参与我们的工作。

三是对于英方可能在新闻广播中心所用面积、技术要求提出的质疑，可以协商。我们可以提出由双方技术专家来继续协商讨论，包括中方派出技术人员到新闻广播中心工作。

四是对于设立新闻专家组的必要性，要明确。对于设立双方新闻联络官的安排作了相应的考虑。

在抓紧梳理和准备应对英方反应的同时，作为庆祝香港回归筹备委员会宣传小组办公室，国新办港澳台局也在抓紧与国内方方面面联系，了解协调各相关方面举办香港回归庆祝活动的情况，受理有关省区市政府、有关机构和企业准备开展的活动，包括设立回归的倒计时牌、制作重要的纪念品，以营造回归的氛围。

时间过得很快，一晃已经是 1997 年的 1 月中旬了。英国方面却迟迟不见反应。正像我们事先判断的那样，英方对于中方的建议总是会出一些难题，至少是拖延。1 月 15 日左右，我们通过中代处催促英方，希望尽快作出回应，以积极合作的态度来考虑中方的有关建议。

1997 年 2 月 3 日，林瑞麟会晤中方代表王维扬，就中方在 1996 年 12 月 31 日简介会上提出的建议和要求作出了回应。同时也提供了说帖，这也在中英谈判中形成了一种惯例。

英方在回复中表示：

原则上接受中方的建议，双方发布联合通告，欢迎国际媒体采访交接仪式，但英方对中方提供的通告稿做了一些修改。

关于设立新闻联络官一事，表示同意考虑，但又强调港府负责对记者报名事宜进行集中的身份鉴定和安排。

关于中英各自向新闻广播中心输出一路公共信号的问题，英方表示了妥协的立场，但强调在有关安排不会影响港府对新闻广播中心管理的基础上，英方原则上可积极考虑中方的建议，又补充要研究一些技术事宜，不能影响会场的其他安排。在回复的说帖中，英方就中方新闻中心和广播中心所需要的面积、设备等要求提出了一些问题，希望我方回复。同时英方建议双方技术专家在 2 月 10 日后开会讨论相关问题。英方同时提出了八个技术问题，希望中方回复。

关于成立新闻专家组问题，英方还是表示质疑，提出可以设立一个技术工作小组来代替，其职责是"协调为交接仪式提供公共信号的技术安排"，"就媒体对报道交接仪式的兴趣的整体情况交换资料"等。从这一点看，英方还是排斥中方参与新闻安排的一些重要事宜，只是希望在一些技术问题上与中方开展合作。

收到英方的回复，已经是 2 月 4 日。2 月 6 日就是中国农历除夕，但我们一刻也不敢懈怠，迅速启动，抓紧就英方的说帖作出回应。

一方面对英方就中方所提出的关于联合发布采访通告、设立新闻联络官、积极考虑中英各自向新闻广播中心输出一路公共电视信号的态度表示欢迎，尤其是第三点，电视信号的问题对我们来讲很重要。尽管早在 1 月底，外交部陈山民同志曾来过电话，说他在香港参加会议期间碰到了林瑞麟，林表示对我方要提供一路公共电视公共信号的要求，总体上会予以积极考虑，但这毕竟是一个非正式的说法，而现在是正式在说帖中予以了基本确认，这对我们来说这是一个很重要的进展。

　　另一方面在设立新闻专家组问题上，我们拟表示中方可以同意双方成立的工作组可以不称"新闻专家组"，但也不应称技术工作小组，这样会让工作组职责范围过窄，建议就称"新闻工作组"，双方可各指派一名官员担任召集人，包括双方部分的新闻联络官和技术人员，以便共同商议需要双方研究的有关事宜和相关技术问题。

　　综合上面的研究，我们指出中方需要对英方说帖所列内容进行认真研究，而后作出正式回应。

　　第一次谈判英方安排在 1996 年 12 月 31 日，正好是岁末年终。这次又赶上了农历春节，真不知道是巧合，还是英方有意而为，甚至提出在 2 月 10 日大年初四要与中方专家组开会探讨。我们考虑也不能完全跟着英方"起舞"，所以回应提出，现在正值中国人民欢度传统春节，建议会谈延迟一周改在 2 月 17 日后进行。

　　2 月 4 日，研究提出意见并迅速上报。2 月 6 日，也就是除夕上午，我们将方案发往前方，向英方正式提出。

　　2 月 7 日至 10 日是春节假期，但是我们一如既往地抓紧进行有关与英方谈判的准备工作。确定节后即召开新闻专家组会议，详细研究，所以节日期间就要根据会议准备事项进行安排，并且就谈判的内容做准备，包括对英方现在提出的联合通告稿的修改，要提出反修改意见。尤其是针对英方在说帖中对中央电视台提出的系列技术问题，希望央视抓紧研究，尽快答复。这些问题包括：中央电视台打算采用的广播制式是什么？在交接仪式现场的外部会需要使用哪些设备？电视台是准备通过卫星还是其他什么手段将公共信号传到北京和世界其他地区？中央电视台公共信号将提供多少个音频信道？中央电视台是否已经向香港国际电讯提出了他们如何通过卫星输送自己的信号？中央电视台如果要在现场进行交接仪式的转播将如何做安排？是否有五个摄像点即可完成工作？中央电视台在广播中心中需要的面积是否可以适当缩小？围绕回应这些问题还要填写一系列有关表格。中央电视台在前期工作基础上，准备回复内容，抓紧细化转播方案，谋划涉及转播香港政权交接仪式和其他有关重要活动相关事宜，提出一系列自己的要求。比如，他们考虑在五楼交接仪式会场后面建立临时导播控制室；在嘉宾从滚梯走出步入交接仪式会场时的前方能够架设几台摄像机；尤其是中央电视台策划设计了驻港部队入港这一历史事件的拍摄，初步考虑要用三辆转播车和两架直升机进行跟进式的现场转播，这样就需要考虑把直升机中拍摄的信号，通过空中发送、经大帽山的二次传播，将信号传至新闻广播中心，当然三辆转播车和两架直升机入港都需要英方及港府给予支持。央视还提出，他们将采访拍摄 6 月 30 日晚中英双方在添马舰英军司令部营地解放军和英方部队进行的防务交接仪式，落实这一事项也需要与英方沟通得到支持。这些方案梳理完善后，准备一并谈判时送交英方。

2月13日上午，田进、我和新闻专家组在中央电视台召开了专题会议，研究下一轮谈判的相关内容。其中对中央电视台准备的回复英方系列技术问题以及其他关于采访的一些重要要求进行了研究；对联合通告稿的有关修改意见进行了梳理，研究确定了设置新闻联络官的大致安排，确定由国新办、外交部、港澳办、广电部、新华社香港分社和央视各派一到两人组成。

2月14日，我们又向中代处发报，把研究的关于英方希望尽快了解的事项一一作了答复；同时提出建议双方于2月22日会谈，主要可磋商联合通告内容，新闻联络官的具体安排人数、职责和工作方式，确定中英就交接仪式各输送一路电视信号等事宜，并建议这次会谈仍由王维扬代表牵头进行。

就在我方向英方发出会谈建议的同时，2月14日英方向我方传来了一个新的说帖，其中提出：一是建议会谈于2月20日上午举行；二是初步赞同我方提出的把新闻专家组改为新闻工作组，但又强调新闻工作组的职责主要是具体的技术问题以及关于媒体方面的一些具体问题。

针对英方的这一回复，一方面我们抓紧谈判的行前准备，报送有关谈判方案、发言文稿等；另一方面考虑到17日至21日将召开全国对外宣传工作会议，这个会议对我们外宣工作的同志来说十分重要，有必要参加会议后赴港。经过与英方的协商，第二次谈判的会期最后确定在 25 日。

2 月 17 日到 21 日的全国外宣会是一次十分重要的会议，对于研判形势、总结工作、研究部署新的一年的任务都至关重要。会议分别邀请了国务院台办、港澳办，文化部以及相关部门的同志作介绍，中央外宣办领导作了报告，与会人员开展了广泛讨论。大家都认识到 1997 年是一个历史性的重要年份。香港回归活动将是举世瞩目的重大历史事件，下半年还将举行党的十五大，也是党和国家政治生活中具有重要意义的事件，这些事件都对外宣传工作提出了要求，也提供了很好的机会和平台。

正在会议临近尾声也是我们即将赴港时，2 月 20 日突然传出了邓小平同志去世的噩耗。作为"一国两制"事业的倡导者，邓小平同志逝世，让香港同胞在内的全中国人民沉浸在巨大的悲恸之中。

新华社香港分社布置了灵堂，安排吊唁活动。数以万计的香港同胞扶老携幼，一连几天排着长队前往吊唁，这在香港历史上是非常罕见的。有的同胞知道邓公生前吸烟，就点燃了香烟供在香炉里，寄托哀思。

中方谈判代表陈佐洱在接受凤凰卫视吴小莉专访时说，小平同志曾说过，希望到香港——中国自己的土地上走一走，看一看，现在他的心愿还没实现就走了。说到此处，陈佐洱流泪了，小莉也哭了。

这段采访道出了很多人的心声。1990 年 2 月 17 日，邓小平同志在人民大会堂福建厅接见了《基本法》全体起草委员会成员和工作人员，发表了一段重要讲话："你们经过将近五年的辛勤劳动，写出了一部具有历史意义和国际意义的法律。说它具有历史意义，不只对过去、现在，而且包括将来；说国际意义，不只对第三世界，而且对全人类都具有长远意义。这是一个具有创造性的杰作。"① 这是小平同志关于香港问题的最后一次公开讲话，后来被收录到《邓小平文选》第三卷，是一篇非常重要的历史文献。现在回看，真是字字千钧。在全国上下缅怀小平同志凝重的气氛中，我们更加努力地工作，小平同志规划的香港回归祖国、保持繁荣稳定的蓝图将继续激励着所有港澳工作者，矢志不渝地奋斗。

因此，根据安排，我们的谈判也需要推迟进行了。我紧急协调处理有关事宜，通过中英联合联络小组中代处向英方提出推迟要求，向新华社香港分社及有关部门通报告知，同时对赴港代表团人员也要及时作出调整。英方还算配合，回复理解我方要求，同意我们的安排并确定双方谈判由 25 日改为 28 日进行。

2 月 26 日，谈判代表团按计划飞赴香港，当天下午新闻专家组开会研究，细化谈判方案，进一步完善有关说辞，同时就中

---

① 《邓小平文选》第三卷，人民出版社 1993 年版，第 352 页。

央电视台转播的技术问题进行进一步细化，准备在谈判中寻找机会，涉及的相关问题时适时提出，比如大帽山信号中转的问题、设备入港问题、直升机入港拍摄的问题，等等。第二天上午，新闻专家组和王维扬代表见面，大家就这段时间以来的情况进行了沟通，就怎样进行谈判做了部署研究。根据英方的建议，28 日的谈判分两个阶段进行：第一阶段是小范围会谈，主要就一些原则性问题，尤其是中方关注的一些重要问题进行商讨；第二阶段主要围绕技术问题进行。中方由王维扬代表牵头，田进、卫陵彦、我和丁文华参加第一阶段谈判，其他相关同志一起参加第二阶段的谈判。

7 初见成效

紧张忙碌的一天

2月28日上午9时，我们从新华社香港分社出发，还是在坚尼地道二十八号中英谈判的会场，王维扬代表与我们一起进入会场，先是小范围会谈。参加除我方人员外，英方的人员是林瑞麟、黄鸿超（港府统筹处副主任）、施健能（宪政司首席助理，英国人）、韩菊（英国代表处一秘）和翻译李来连芬。

林瑞麟首先对专家组表示欢迎，他说自1996年12月31日会议以来，双方加强了沟通，在很多问题上达成了一致。他表示英方采纳了中方的很多建议：比如原则同意设立新闻联络官；原则同意发布联合通告；在新闻广播中心为中方机构预留了充足的空间，这体现了他们务实的做法。英方提出同意成立新闻工作组，但希望讨论的是具体技术问题。相信这些努力会为双方新闻安排谈判奠定了一个基础。

王维扬表示很高兴来参加会议，并代表一起从北京来的同事对英方所做的努力表示感谢。他说上次的会晤是务实有益的，今年（1997年）2月3日发给中方的说帖明确了一些内容，刚才林瑞麟先生又概括地作了介绍，中方对英方的这些积极回应表示欢迎，希望这次会谈能就联合通告、新闻联络官、新闻工作组的成立达成一致，尤其是就提供交接仪式现场两路信号问题能够达成协议。之后，王代表就两路信号问题又专门做了陈述，重申希望尽快达成一致。双方在会谈中，围绕是先讨论其他事项，还是先讨论两路信号问题出现了分歧：林瑞麟认为两路信号问题，应该是作为技术问题来讨论，他认为可以先讨论联合通告、新闻工作组和新闻联络官等事宜，他表示两路信号不是大问题；而王维扬指出确保双方各提供一路信号既是技术问题，又是一个重要的原则问题，是一个前提，有了这一前提双方才能更好地谈技术，处理好技术问题。林表示理解中方在此问题上的原则立场，他认为英方已给出了积极的回复，公共信号不是很大的问题，只要在具体技术上能够行得通即可。王维扬表示如果在这个问题上能够得到确认，那也可以先考虑谈论其他问题，他再次重申在此基础上，我们会采取非常务实的态度来解决技术问题，以有利于其他问题一揽子妥善解决。

根据林瑞麟建议，王维扬介绍中方在几个问题上的立场：

第一是关于中英联合发布欢迎国际媒体的通告，王维扬希望英方就其增加的一些内容进行澄清，说中方对通告稿又做了些修改，并表示中方会将修改后的联合通告稿即交英方，希望通过这次会谈确定一个媒体申请采访的报名时间。

第二是关于中方新闻联络官的安排。王代表说，中方通过新闻联络官可以与英方及港府新闻处的同事保持密切沟通，新闻联络官可向英方通报中方媒体的兴趣、要求，同时通过新闻联络官能够了解有关媒体安排的具体进展情况。双方及时了解情况，交换意见。关于新闻联络官的人数，中方初步考虑各五到八人，由从事新闻工作的官员担任。中方也愿意听取英方的建议。中方建议双方新闻联络官人数确定下来，在下周即 3 月 3 日—10 日，双方交换名单予以确认。新闻联络官将来可以通过电话、会面及其他方式相互之间、与港府交接仪式统筹处、新闻中心有关官员保持联系。

第三是关于中方新闻工作组的建议。新闻工作组的职责是讨论双方关心的新闻安排的有关事宜和技术问题。中方也同意英方的建议，双方各派一位适当级别的人员为召集人并作为中英双方代表，部分新闻联络官和技术人员可作为工作组成员。中方希望工作组能尽快开始工作，使双方能及时就新闻安排有关事宜和技术问题交换意见。王维扬提出了中方关于新闻组人员的考虑，指派田进先生作为中方召集人，建议双方能在不迟于 3 月初交换新闻工作组名单并开始工作。

林瑞麟对王代表的介绍表示感谢，他向中方递交了一份回应说帖。林瑞麟表示，中方对他们早前提出的事项作出了详尽的回应，令他印象深刻，总体来说王代表刚才所说的意见是积极的，有助于推进事情的发展，之后他又逐一回应：

（一）就通告稿一事，他感谢中方对他们所提修改的一些修订，表示能够接受中方的修改内容，中方说明欢迎全世界各地媒体前来采访，令他们感到鼓舞。同时他表示要制作一个申请表格，为媒体报名提供服务，希望中方能够就表格设计及内容尽快作出回应。

（二）就新闻联络官一事，他表示原则同意，但希望双方可以灵活些，通过电话、开会、传真交换意见。关于人数问题也可灵活处理，因为双方的工作机制、媒体机构的人数都不一样，英方的人数可能会少一些，他需要向英国外交部报告商讨。

（三）就新闻工作组一事，他表示同意尽快开展工作，总体上赞成中方建议，认为没有什么大的问题。林瑞麟就两路信号问题又作了回应，他说这与交接仪式大会堂前厅的设计安排有密切关系，要取决于会场布局，上周英方已把会场设计初步简稿提交中方。他表示现在可以请港府统筹处办公室的专家来介绍一下大会堂的设计安排。

休息十五分钟后，统筹处的技术专家用 PPT 的形式，向中方介绍了交接仪式会场的设计，以及交接仪式的程序包括军乐队入场、双方 VIP 的入场、仪仗队的活动、领导人的活动等。

介绍完毕，第一阶段谈判结束。

休息时，我方人员就林瑞麟关于两路电视信号的表达感到有些疑惑，产生了不同的判断。一方面林的表态是积极的，似乎没大问题；另一方面，又不作出具体的承诺，给人感觉好像埋了什么东西。

12 时整谈判第二阶段开始。中方参加人员除王维扬、田进、卫陵彦、我和丁文华外，还有周珊珊、龚建忠、陈静溪、孙玉胜等。英方人员增加了朱培庆（广播处副处长）、施健能、谭罗南华女士（交接仪式统筹办公室助理新闻处长）、香世豪（执行首席项目官）、韩菊女士、王洁怡女士（统筹交接仪式办公室高级行政官员）、李来连芳女士（翻译）。

林瑞麟开门见山地表示，中方的建议是积极的，双方看来达成完全的共识没有困难，希望下星期能就联合通告做出最后的决定。他认为现在要确定一个媒体申请的日期，以便发布联合通告稿。关于新闻工作组，英方确定由黄鸿超作为召集人，期待与田进先生能有很好的合作。英方工作组会包括香港电台和其他机构相关人员，马上会向中方递交一份名单。他同意工作组尽快开展工作。接着，他建议请黄鸿超先生介绍两路公共信号有关问题。

简单寒暄后，黄鸿超开始做简要介绍。他说，经过专家讨论，制定了一个初步方案。中央电视台可制作信号传送到新闻广播中心及各个机构。届时在大会堂将为中央电视台安排多个摄像点，等大会堂前厅布局确定后，由香港电台与中央电视台一同商量。一是安排一条光缆专线传送中央电视台信号；二是中央电视台信号可传送到新闻广播中心和中央电视台工作间；三是中央电视台的信号经过主控室可以传到各个转播间。提供中央电视台传送信号的专线，将从 6 月 22 日至 7 月 10 日保持有效运作，这样也能为之前和之后的一些采访活动提供便利。他表示，中央电视台传向北京和世界的信号要央视自己解决，因为目前香港电台团队的卫星线路只能传送一路信号，没有余力为其他电视台传送。最后，他小结说，中央电视台从会场拍摄、采录的信号传送到各转播间，这个信号完全由中央电视台自己制作、控制，传送到广播中心不会受到干扰和剪辑。

王维扬感谢黄鸿超的介绍，认为两路信号的确认很重要，一些技术问题可以由专家具体商讨，不管有多复杂的技术问题，相信都能够妥善解决。尽管新闻工作组尚未完全建立，但双方已确立了召集人，可以先工作起来。

"我想我们双方可以坦诚地讨论一些问题，王先生多次强调传送两路信号的重要性，我能确认一点，英方已经承诺了，而且应该说实际做得比中方希望的更多，可以提供的时间更长，确保中央电视台制作信号用专线传送到广播中心的使用期限也跨越了交接仪式的日期，满足了中央电视台的这个要求。"林瑞麟说，他认为这一方案为双方合作提供了稳定的基础，还会有一些具体的技术问题需要商讨，可以下午再谈。黄鸿超补充说，关于中方在广播中心所要用的空间，预留了五百二十五平方米，应该能满足中方的要求，他们把中方看作是最大的合作伙伴。

中午，林瑞麟邀请王维扬和中方参加谈判的专家组人员一起共进午餐。午餐期间，大家就有关问题继续探讨，气氛友好。可以感觉得出，林瑞麟作为港英政府的高级官员，虽然是英方的代表，但毕竟是华人，对中央政府是比较尊重友善的。随着香港回归的临近，我们也能感受到港府的一些高官态度的转变。他们更多地表现出积极与中央政府合作的意愿，以便顺利完成好交接仪式；不像早些时候英方的某些代表，总是处处出难题，应该说这些情况的变化，对以后整个交接仪式，尤其是新闻安排方面工作的顺利推进，是有积极意义的。

当天下午 15：10，会谈继续进行。

王维扬先作回应，对上午林、黄二人的介绍表示感谢，感谢他们对四个问题的确认，并就这四个问题又做了一次具体陈述。他表示：

关于联合发布通告截止时间和申请表，请英方向中方正式通报，中方会尽快作出回复。希望英方对如何发表通告稿提出意见，在 3 月 5 日前确定下来。

既然双方已就新闻联络官的职责达成共识，人数可以有所不同，级别也不一定对等，可以根据各自需要来定，工作方式可以是灵活的，以便快速、便捷地解决一些问题。

英方确认黄先生作为新闻工作组召集人，中方表示欢迎，相信双方会有很好的合作。其他英方组成人员由英方确定，包括港府新闻处、香港电台等，中方没有异议，中方的人员大体是目前参与谈判的相关工作人员。建议在 3 月初双方交换一份名单，以便尽快开展工作。

在两路信号问题上又做了确认，剩下的个别具体技术问题可下一步具体商谈。

针对今天的谈判内容，双方既然没有原则性的不同意见，林瑞麟建议今天以会议纪要的形式记录下来，双方要向各自的首席代表汇报。他认为，中方修改后的通告稿比原来的更好，"我们会将它译成英文，向首席代表汇报"，关于发表的时间会尽快研究，建议在 3 月 5 日前完成。英方的新闻联络官，将由香港电台、港府新闻处、统筹处办公室的官员担任。下周会交中方一份新闻工作组人员名单。关于公共电视信号的问题，建议田、黄二位召集人就有关事宜再进一步交流。王代表对林瑞麟所说的各个问题作进一步确认。

这也许就是外交谈判的特点——双方不断做些重复，以便确认达成的共识、成果，避免事后发生问题。王代表小结说，今天开了一个很好的会，"我们新闻组的工作可以说起步晚进展快，感谢英方所做的努力和双方都采取灵活务实的态度，相信双方的合作能够使各项工作圆满地推进。"

会谈结束后稍作休息，大约下午 4 时，双方的新闻工作组就开始了正式的工作，也可以算作是第一次会议，除了王维扬、林瑞麟不再参加，中英双方其他谈判人员基本都参加了会议。

黄鸿超开场，说上午的会谈取得了积极进展，现在双方的新闻工作组就算正式开始工作了。他想了解中方还有什么要求。田进积极回应说："希望我们的磋商能够更轻松，像朋友般进行。"进而介绍了一些技术方面的具体要求：

还是关于两路直播信号，所说内容与以往基本相同，简要地做了说明和确认。

关于现场的安排，对中方的立场又做了一些简要的陈述。

关于现场内广播直播设施问题，表示重大国际活动除电视记者外，也应有广播记者进入现场报道，也应提供相应设备，这一点中国国际广播电台和中央人民广播电台等有自己的要求。

关于解放军驻军进驻的报道，全世界都将关注这一重大活动，所以报道好十分重要。

介绍了我方对添马舰英方告别仪式进行采访的建议要求，希望英方提供帮助。

关于在新闻广播中心中央各媒体需要使用的工作间面积等需求。

关于线路问题，交接仪式的线路目前看已有了初步保证，但外国媒体对解放军驻港部队的进驻和在北京举行的庆祝活动的电视信号，以及对香港举办的民间庆祝活动的信号也有需求，想了解一下英方有什么考虑，能否提供帮助。

黄鸿超回答说，关于这七个问题，有些已经有所考虑和安排，有些希望能够了解得更具体些。同时，他又提出一些问题，包括中方要使用几辆转播车？大帽山的中转站具体有哪些要求？中方 DSNG 车（数字卫星新闻采访专用车）具体将停泊在会展中心的哪里？以及有关线路的一些问题。

抛出问题后，休会三十分钟，双方各自协商。

下午 6 时许，新闻工作组的第一次会议继续进行。黄鸿超就田进所提各项问题做初步回应。他说，关于交接仪式会场记者安排，会议纪要已经有了初步安排，将来细化后再与中方具体商讨；广播中心可以提供部分场地给电台使用，希望中方说明具体使用要求；大帽山由香港电信管理局管理，相关事项需要与电信管理局具体商量；DSNG 车停泊位置会尽量提供支持，但要符合安保要求；至于对英方活动的拍摄，是一个新问题，他们回去再研究；广播中心中方工作间的位置及设施等有关问题，估计要到 6 月份中心建成后才能具体协商；关于线路问题，交接仪式统筹办公室、港府新闻处将预留线路，民间活动他们已经预留了线路，也会给央视一条线路。他表示，他和同事们将采取务实态度，从合作出发，对中方提出的问题回去研究，有些问题需要其他部门一起来协调的，也会尽快给予答复。

应该说双方新闻工作组的第一次会谈是友好的，务实的。

整整一天的谈判，开了五个会，上午三个，下午两个，加上工作午宴，马不停蹄。直到晚上，专家们才有时间乘船在维多利亚湾小转一圈，算是放松了。回到新华社香港分社后我们又紧张地进行谈判工作小结，撰写相关报告。

第二天3月1日，我们继续就英方谈判提出的一些问题，包括一些技术问题进行研讨。同时把昨晚撰写的材料，梳理审改后发回北京，田进组长和我就下一步工作及新闻联络官的安排做了商量。

这次赴港，我们还希望能够使中英双方就发布联合通告、成立新闻工作组和确定新闻联络官名单取得实质性成果。因此，就在港多留两天，一边工作调研，一边落实一些事情尤其是技术问题。

接着的一天也是紧张工作的一天。我们在香港做调研，进一步听取香港各界庆祝回归委员会关于庆祝活动的一些介绍，发现有些活动安排得不是很理想。比如无线电视台安排的活动场地不落实，七一晚上文艺晚会场地也没有最后确定。能落实的是6月30日晚上在赛马场的晚会和七一的花车游行等。

同事们一方面调研，一方面各自分头与英方、港府的相关技术人员接触，回应对方关注的问题，提出我方的要求。

3月3日，双方交换了新闻工作组和新闻联络官人员名单。英方的首席新闻联络官是谭罗南华，成员有英代处的狄启新、朱培庆，吴锡辉（助理广播处长）、洗锦甜（交接仪式统筹办公室新闻主任）。中方的新闻联络官确定由我担任首席，成员还有香港分社处长陈静溪、广电部处长罗建辉、国务院港澳办公室副处长侯红、外交部新闻司二秘张洪铁、中央电视台新闻中心副主任孙玉胜。

随后，我方新闻工作组又召开了一次全体会，对谈判做小结，对相关技术问题进行了梳理，对下一步工作进行研究部署。据王维扬来电话介绍，英方初步答应了我方关于3月5日发布联合通告要求，但对发布形式还未达成一致。英方考虑由王维扬和林瑞麟会见记者对外宣布，所以希望我们给王起草准备一份发言。

我们的会议还研究了关于安排中央电视台直升机入港事项，研究了关于为中央电视台节目传送提供专线的部署和安排等。同时我们也根据领导同志的要求，对交接仪式后的几场重大活动的新闻安排做了一些研究。回归之后的各项事宜，应该由董建华代表特区政府委托一个具体部门负责对接协商。

我们的会议刚结束，王维扬就来电告知，英方已经提出了公布联合通告的办法，同意联合发布新闻稿，具体方式要马上和王代表商量。最后，双方商定由中英联合联络小组中方和英方首席代表以会见记者的形式宣布。

3月5日上午，中英联合联络小组中方首席代表赵稷华大使和英方首席代表戴维斯会见记者。赵大使说，香港政权交接仪式是中英两国政府共同举办的一项重大活动，也是举世瞩目的重大事件，根据中英联合联络小组关于香港交接仪式会议纪要，中英双方在今天举行的会上就交接仪式新闻采访安排事宜进行了友好务实的讨论，并达成了一致。中英双方在会后发布了中英联合联络小组关于香港交接仪式媒体采访安排的通告。联合通告说，中英双方欢迎世界各国各地区媒体机构的新闻从业人员，前来采访报道香港交接仪式。为使媒体的采访报道顺利进行，中英双方商定，委托香港政府受理各类采访申请，香港政府将按照国际惯例来确认新闻从业人员的采访资格，处理安排与媒体采访交接仪式有关的其他事宜。各新闻机构可于1997年4月7日之前，向香港政府交接仪式统筹处报名，香港政府交接仪式统筹处将于1997年3月15日开始受理报名。戴维斯说，媒体见面会的举办和中英双方首席代表的宣布，意味着围绕香港政权交接仪式新闻安排的谈判取得了重大的阶段性成果，双方达成了协议，取得了积极的成效。

这是中英双方围绕香港政权交接仪式包括安保、礼宾等专项谈判中最早达成的协议。

3月6日上午，中英双方新闻工作组再次举行会议。英方的黄鸿超、谭罗南华、香世豪、冼锦甜等一起参加。我方参会人员有田进、我和丁文华。大家主要研究了央视信号传送问题，尤其是就所用频率等问题进行了深入交流。丁文华具体介绍了一些频率，如何能够安全有效地传输。另外也讨论了央视和中央媒体在新闻广播中心的位置，以及记者证的制作、文字媒体安排；等等。黄鸿超在和我们的交流中也表达出很想知道后几场活动尤其是董建华参加的活动的组织情况，他说下周将与董建华的顾问商谈，可能会就这些活动的授权得到一个明确的意见。我们表示可保持沟通，及时进行交流。

经过前期交手的经历，其实也不难明白英方诸多努力与实现"光荣撤退"之间的关系：一是要通过各种方式在香港政治、经济、司法、社会关系、价值观念等方面尽可能深地打上英国烙印，以保持长久影响；二是要在香港回归前尽最大努力维护其独立、完整的管治形象，尤其对可能引发"共治"社会观感的合作模式深怀戒备，这两者互为表里。对于英方在谈判中提出的种种要求，都要深入研究，加以辨析，识别出哪些是其核心利益所在，哪些是有弹性的，哪些是我们必须坚持和争取的，哪些是我们可以做些妥协的，以达到我们的目标，实现最好的效果，确保香港政权交接仪式顺利进行，同时确保我方的报道能够顺利进行，最大程度赢得国际舆论的理解和支持。

8 **紧锣密鼓**

推进技术等各项工作

中英双方就香港政权交接仪式新闻安排主要问题达成一致，双方的新闻工作组正式开展工作，这样有关技术问题和其他领域的一些工作就将加快推进。

其中，关于中央电视台直播转播回归活动的一系列技术问题、技术要求，在与英方的会谈中已经提出，我们也要求央视和港府的有关方面加紧对接，推动实施。在双方新闻工作组的会谈中，也提出中央人民广播电台和中国国际广播电台希望在交接仪式现场能设立直播间，便于广播直播，这项工作也需抓紧推进。中央电视台、中国国际广播电台和中央人民广播电台在新闻广播中心所需要的工作间的面积和位置已初步安排，需要我们与港府统筹处加强协商，予以落实。中央新闻单位文字媒体在新闻中心有哪些需求，也需要抓紧汇总商谈。

与此同时，港府统筹处也在抓紧推进。黄鸿超、谭罗南华和他们的工作团队，总体上看还是本着友好的态度与我们合作，一方面对我们所提要求积极回应，推动实施；另一方面各类事项也会及时征求我们意见。我们回北京后不多久，谭罗南华就发来了港府统筹处拟发给各媒体的采访安排，其中包括采访记者身份鉴证的申请表说明、鉴证表格以及有关安排，希望我们尽快提出意见。我们也很快研究，对表格以及说明的一些内容提出建议，他们都采纳了。

中央电视台一直来创新精神比较强，希望能够拍摄得更好一些，在国际上能产生更大的影响，所以也就会提出更多新的要求，为我们新闻组出一些新的"难题"——

为了更好地报道解放军进入香港的全过程，中央电视台提出要把拍摄的实况传送回北京和香港会展中心的新闻广播中心，他们拟选用在会展中心旁边的君悦饭店的三十七层平台作为微波中继系统，同时希望在饭店顶层搭设临时的露天演播室，以北面的维多利亚湾为背景拍摄香港回归盛况。君悦酒店的老板是郑裕彤先生，央视已与该公司做了初步沟通，希望我们以国新办或新闻组的名义正式与郑裕彤先生协调。我们总体认为央视的这些安排有利于做好采访报道，所以积极地协助推动。

国防军事，是一个国家主权的主要象征。1997 年，中国人

民解放军将第一次踏上这块久违了的祖国领土。全世界的目光都将聚焦这里。关于解放军进驻香港问题,有这样一段历史:

1948 年年底,当中国人民解放军在淮海地区将国民党杜聿明、黄维兵团死死围住,同时实施对平津守敌的战略包围时,英国内阁对中国局势进行了一番谨慎论证,最终采纳外交大臣的建议:守住英国在中国的立足点——香港。

1949 年 4 月,解放军集结长江北岸,待命渡江,英国军舰"紫石英号"强行逆江而上,闯入解放军防区,继而引发激烈的武装冲突。"紫石英号"事件使英国紧急增兵香港至四万五千人,同时密令港英当局修订、公布新的《紧急条例》《入境条例》,强化了违者处以死刑等条款。但是他们知道,如果解放军真要解放香港,英军可能比对日作战输得更惨。8 月,英国外交大臣和殖民地部大臣联名向内阁提议:我们争取留在香港,因此必须避免激化英中关系。

这一建议成为英国处理香港问题的指导方针。

1949 年 10 月 17 日,解放军抵达深圳河北岸。让英国人松一口气的是,解放军沿广九铁路到达布吉车站后,没有再逼近香港,第四野战军四十四军的吴富善将军手持望远镜,朝香港凝望了一个时辰后,悄然消失了。那时,在毛泽东心中"长期打算,充分利用"的对港方针已经瓜熟蒂落,这使得新中国能够通过香港保持与外部世界的联系。回顾半个世纪的国家发展史,如果建

81

国初解放了香港，国家充其量只多了一个类似广州、上海那样的大城市；而现在用"一国两制"方针和平解决香港问题，得到的将是一个继续保持繁荣稳定的国际经济中心大都会。

栉风沐雨，解放军在深圳河北岸一驻就是四十八年。

1996年1月28日，中华人民共和国国务院和中央军事委员会发表公告："根据中华人民共和国宪法赋予中国人民解放军的使命和《中华人民共和国香港特别行政区基本法》关于中央人民政府负责管理香港特别行政区防务的规定，为维护国家主权、统一和领土完整，保证香港特别行政区的繁荣和稳定，中华人民共和国中央人民政府派驻香港特别行政区的部队，经过精心准备，已组建完成。驻香港部队由中国人民解放军陆军、海军和空军部队组成，隶属中华人民共和国中央军事委员会领导。这支部队将于1997年7月1日零时正式进驻香港。中央人民政府派驻香港特别行政区负责防务的部队不干预香港特别行政区的地方事务。香港特别行政区政府在必要时，可向中央人民政府请求驻军协助维持社会治安和救助灾害。驻军人员除须遵守全国性的法律外，还须遵守香港特别行政区的法律。驻军费用由中央人民政府负担。"

——这是宪法赋予中国人民解放军的光荣任务，也是时代赋予中国人民解放军的历史使命。也因此，报道好解放军的进驻香港是一项重要的任务。

中英联合联络小组关于香港政权交接仪式新闻安排主要问题达成一致正式公布后，如何安排交接仪式以后的各场活动新闻工作？应该与谁接洽商讨？自然就提出了一个新的问题。与此同时，候任行政长官董建华也在着手推进相关工作。他看到双方新闻安排取得重要进展的消息后，就委托其特别助理与中英联合联络小组的中方代表联系，询问应该如何推进下一步的工作。董建华随后在约见赵大使和陈佐洱代表时专门提出，7 月 1 日当天，由特区政府举办一个庆祝大会和招待酒会，关于这两场活动的新闻安排，应抓紧考虑。他初步的想法是让港府交接仪式统筹处的官员一起管起来，同时也希望了解这两场活动之前，也就是 7 月 1 日凌晨政权交接仪式结束后中央政府负责的特区政府宣誓就职仪式新闻安排的考虑，希望一起统筹来做。得到这一信息后，我们新闻组提出了一些初步的原则性意见。我们认为，考虑到香港交接仪式的新闻安排，中英双方已经确定由港府统筹处来具体承办，为了保持工作的连续性，中央政府组织的宣誓就职仪式的新闻安排也可由港府统筹处统一安排，同时后面特区政府组织的两场活动也同样进行。这样，也有利于中方新闻组的协调、谈判工作。至于港府中个别官员是否留任，由董建华最后决定，至少具体的技术官员会保持连续性。当然，我们会提出指导意见和具体要求。

我们的工作齐头并进，一方面前方抓紧围绕新闻安排进行谈判做部署；另一方面抓紧对中央赴港采访团的组织做研究和协调。主要涉及两个方面（一）需确定各媒体在新闻中心所需要使用的面积；（二）需确定从内地赴港的媒体的规模、记者的人数。我们认为，一方面我们要报道好，需要组织强有力的中央媒体采访，另一方面也要避免去香港的记者规模太大，给香港造成压力。经过研究，由中央主要媒体组成采访团赴港采访了。关于地方媒体，当时广东等一些省区市也想组织媒体去，但是考虑到安排广东去了，其他省区市也会有意愿，不能做到"一碗水端平"，因此明确不安排省区市地方媒体参加采访团。所以当时确定赴港采访团组成为：中央电视台、中央人民广播电台、中国国际广播电台等广播电视媒体；新华社、人民日报、中国日报、中新社等文字媒体。这些媒体需要尽快确定具体的人数、规模，加强统筹协调，以便与港府统筹处协商。如林瑞麟所说，内地的中央媒体采访团是港府"最大的合作伙伴"，所有采访人员的报名、注册登记、出境管理等事项也会十分庞杂。

这里还发生了一个小插曲。在中英双方新闻工作组会谈中，中方提出央视希望转播人民解放军驻港部队进驻的有关情况，包括提出要用一架直升机来进行拍摄和信号的传送，希望港府统筹处给予支持。这一信息自然传到了英方代表处。他们就以此为借口，在与中方防务与治安小组的正式会谈中，要求中方尽快向英方通报关于中方驻港部队开进的有关情况，英方代表说，他们多次要求中方介绍解放军在 7 月 1 日抵港的计划，包括人数和入境口岸，但中方一直拒绝，中方在新闻采访安排工作会议上发言清楚表明，这个问题已经提出来了，所以希望中方能够尽快详尽地介绍解放军的进港部署计划。实际上，这是因为双方新闻谈判比较顺利，我们根据央视的意见就驻港部队开进的新闻报道提出了一些建议，也是考虑电视转播涉及的技术问题比较多，需要提前做一些准备，并非正式介绍部队进驻香港一事。而英方却以此为借口，希望中方尽快通报驻军情况。我们向中英联合联络小组中代处介绍了当时会谈的细节，中代处根据事实向英方做了很好的回应，这个插曲也就平息了。

随着政权交接仪式活动新闻安排有条不紊地推进，摆在我们面前的"新难题"，就是 7 月 1 日凌晨中央政府组织的特区官员宣誓就职仪式、上午特区政府组织的庆祝大会和下午的招待酒会活动的新闻安排了。这时候新华社香港分社负责人与负责会展中心二期工程的香港贸易发展局会展中心及扩建工程负责人、新世界发展有限公司有关负责人、会展中心进行商谈，全力推进几个会场建设如期完成。会场中新闻报道的有关设施如何设计、建设，也提上了议事日程。

关于交接仪式后的几场活动，中方新闻组不仅要考虑媒体记者的安排，也要考虑活动会场与新闻有关的设施建设，要保证科学合理，能够有效地为媒体采访提供保障。

9 汇聚一线

前方工作组赴港考察

新闻工作组成立、新闻联络官确定后，双方的沟通联络就进一步密切了。随着时间的推进，新闻安排各项工作尤其是很多技术工作，也越来越急迫需要商讨、确定。我和港府的谭罗南华，作为双方的首席新闻联络官，进一步加强了联络。由于事项繁多，而那时很少有人用手机，所以我们为了工作都把家里的电话告知了对方，以便随时联络。3月12日，谭女士给我打电话，说希望能在3月18日上午，围绕上一次会谈后涉及的技术问题，进行一次技术领域的会谈。

于是我们研究后决定，呼应统筹处的安排，确定了由我带队，会同中央电视台播送中心主任丁文华、中央人民广播电台副总工程师欧阳铭、中国国际广播电台副总工程师陈进先组成一个技术工作小组，前往香港进行会谈。

按照往次会谈大致相同的方式，临行前专门召开会议协商，就可能涉及的一些问题，如何做介绍和回应进行了研究，尤其是根据目前工作的进展，就中央电视台、中央人民广播电台和中国国际广播电台有关技术需求、希望对方合作的领域进行了深入的讨论。到达香港后，我们又和新华社香港分社的同事以及有关人员进行了协商准备。

根据港府统筹处的安排，会谈分成两部分：上午 9：30 先与英方新闻组的有关人员围绕新闻安排的有关事项交流；随后专家们讨论有关技术问题。

3 月 18 日上午，我带领技术工作小组成员和新华社香港分社的陈静溪等一起来到港府交接仪式统筹处办公室，港府交接仪式统筹处副处长也是新闻组的组长黄鸿超接待了我们，他会同谭罗南华以及香港电台、香港电讯管理局等部门十多位官员与我们技术工作小组进行会谈。

黄鸿超首先围绕 2 月 18 日双方新闻工作组首次会谈时，中方提出的关于中方媒体报道交接仪式的问题作了回应。

关于交接仪式现场媒体的具体安排，他说由于中英双方关于现场的布局、礼宾方案还没形成一致的完整的方案，所以还需要等待一段时间。

关于广播电台直播，新闻工作组的会谈中，中方提出了中央人民广播电台和中国国际广播电台希望在现场进行直播，他说英方和统筹处给予了积极考虑，准备在会场内设置能隔音的广播直播间，有两种方案供中方参考：一是会场内侧有七个同声传译室，面向交接仪式主席台方向，但其中有三个可能视线不是太好，不能完全看到主席台；二是在会场后端的舞台上，再重新安装有隔音玻璃的广播直播间。

关于央视放置两台转播车和两个移动卫星上行站，他说他们考察以后认为问题不大，可考虑放在同一个地方。

关于驻港部队进驻的电视报道。他说拍摄解放军转播车 6 月 30 日之前需要入港，他与港府的运输部门商量过，问题不大，需要中央电视台提供有关车辆的性能、型号等。关于拍摄驻港部队入港需要使用直升机事，他认为因为以前没有先例，而且涉及安全等问题，需要进一步商量，难度大一些。其中关于中央电视台计划在大帽山架设微波中继站传输信号一事，港府电信管理局需要中央电视台提供一份包括中继站所占用空间、其功能等的详细资料，以便他们进行安排。信号传输所用微波频率由香港电信管理局管理，他们提供了一份可选用的频率清单。

关于中央电视台转播用卫星上行设备安装地点，需要与安保部门商量，估计问题也不大。

关于中央电视台和广播电台租用新闻广播中心的面积和位置，需要这次和中方最后确认。

　　1997 年 3 月中旬，我带领中方技术工作小组赴港商谈有关香港回归庆典活动新闻报道技术问题，在会展中心考察。（从左到右分别为：陈进先、作者、沃勒斯（会展中心总经理）、会展中心建设方负责人、欧阳铭、谭罗南华、丁文华

　　1997 年 3 月，正在抓紧建设中的香港会展中心二期工程。根据中英双方达成的协议，香港交接仪式将在这里举行。这里还将举行其他重要庆典活动

关于在广播中心设立中央电视台工作间，我方提出能有三路信号进入主控室及各媒体转播间，以及把国内庆祝活动的信号和香港民间组织的庆祝活动的信号也能接入新闻中心来，供国际媒体报道使用。他说由于先前已为各电视台和庆祝香港回归筹委会做了分配，所以只能为中央电视台增加一路（共两路）信号。

听了黄鸿超的介绍后我发言，表示在距离上次会谈十多天的时间内，交接仪式统筹处的官员积极工作，为满足中方提出的有关技术要求，加紧与各部门联系，做了不少努力，在大多数问题上做出了积极回应，我们对此表示感谢。我强调了保证中央电视台三路电视信号进入主控室及各媒体工作间的重要性和直升飞机入港演练的必要性，指出在上次新闻组工作组会议时，黄鸿超曾表示电视信号的线路问题不大，希望他还能继续努力推动。我和对方又围绕中央三台在广播中心工作间的面积和位置进行确认，指出中方考虑到统筹处的实际困难也做了一些妥协，希望统筹处能理解中方合作的诚意。

随后，双方技术专家进行了一番讨论。因为还有第二阶段围绕技术性问题的会谈，我们就与黄鸿超告别，在为我们送行时，黄鸿超表示关于线路问题他会再做努力，直升机入港一事，也尽可能协商解决。

会后，我们的技术专家由谭罗南华等官员陪同，来到会展中心一期会议室，同新闻广播中心整体项目负责人沃勒斯和其他项目经理商谈。

首先讨论了中央三台在广播中心工作间的具体要求。中央电视台，中央人民广播电台，和中国国际广播电台三位工程师提出了事先已准备好的工作间布局、设施、线路等方案，讨论了包括供电等一些技术问题。会谈从上午 11 时一直延续到下午 3 时，是一场深入的技术会谈。随后我方技术工作小组由谭罗南华、沃勒斯和英方负责交接仪式现场设计师彭嘉士等人陪同，到会展二期交接仪式会场和其他一些会场，以及可能停放转播车、放置卫星上行站的地点，进行了实地的考察交流。应该说这个大半天的会谈、考察还是富有成效的。

离开会展中心后，技术工作小组还来到红勘体育馆，这里原计划将在 7 月 1 日上午举行庆祝大会。我和中央三台的专家考察了这里用于新闻采访报道的场地、设施，尤其是与电视、广播转播有关的设备情况。三位专家同香港电信管理局和有关技术人员就线路传输等问题进行了磋商，就转播各场活动所需要的保障提出了意见和要求。

在正式会谈的基础上，中央三台的专家又根据各自的需要，与港府的有关官员、技术人员进行了一些对口的交流磋商，就香港回归的主要几场活动，如何进行转播报道都做了调研，我方技术专家认为通过这次会谈和考察交流，对如何完成好转播报道任务，心中基本有底了。

　　3月10日前后，随着香港回归各项工作推进，中央成立了香港交接仪式及庆祝活动筹委会办公室前方工作组，要求各相关部门，尤其是各个工作小组牵头部门能够派出人员参加加强协同工作，其中要求宣传组抽调一名熟悉情况的负责人参加。国新办决定由我来代表参加，一方面了解情况，一方面也便于统筹协调。当然这也使得我的工作任务进一步加重了，并且我的很大一部分时间精力都需要参加香港回归前方工作组的工作。

　　就在我们紧张地与港府统筹处围绕交接仪式新闻安排及有关技术问题紧锣密鼓进行磋商时，中央前方工作组开始启动了。3月20日，国务院办公厅秘书一局局长徐绍史带领前方工作组的来自中办、国办、国管局等部门几位同事来到香港，我跟他们会合，开始了前方工作组在香港的考察调研活动。

　　第二天，由新华社香港分社办公室负责人陪同，我随同徐绍史局长一行来到会展中心进行现场考察。我们考察了会展二期五楼举办交接仪式活动的会场、七楼庆祝大会现场和举办招待酒会等有关场所；看了会展一期，因为在那里将举办中央政府和各省区市赠送礼品展览；还专门来到君悦酒店、新世界海景酒店，这里将来会有中央代表团和观礼团下榻；又去了红勘体育馆，计划在这里举行庆祝大会；还去了海逸酒店、赤柱饭店等，进行了比较细致的考察。我既是考察团的一员，也像半个向导，因为早到了一段时间，而且此前已多次考察、了解会展二期大多数场馆，所以在这些地方我也向徐绍史局长他们做了一些介绍，包括这里的新闻设施和有关安排。

3月22日上午，在新华社香港分社举行调研座谈会，前方工作组听取了香港分社有关领导同志关于筹备工作情况的汇报。

新华社香港分社成立于1947年，这一年7月，港英邮电管理局给分社发出执照，允许其在港"有限度接收和发行新闻"。分社设在九龙尖沙咀弥敦道一百七十二号三楼，由乔冠华任首任社长。

新华社香港分社是我们党在海外设立的第一个新闻通讯机构。在党的新闻史上，具有特殊历史地位。也曾是我们党在香港的主要工作机构。

2000年1月，原"新华社香港分社"进行重组，"小分社"成为新华通讯社香港特别行政区分社有限公司，恢复其新闻机构的本质；"大分社"则分拆出来，成为中央人民政府驻香港特别行政区联络办公室，即中联办。

回归前1990年初，中央任命外交部原副部长周南为新华社香港分社社长。周南是中英关于香港问题谈判中国代表团团长，代表中国草签了《中英联合声明》，对香港问题有很深入了解。

周南曾回忆说，"我访问马来西亚时，当地的新闻部长出来接待我，头一句话就问我，新华社香港分社每天发多少条新闻？

我说，对不起，一条没发。只是在特殊的情况下，用这样一个特殊的名称。"

调研座谈会上首先由分社副社长朱育诚作介绍，朱副社长介绍了香港分社开展的有关工作，包括动员中资机构积极准备工作的情况，开展香港基层组织和社团工作的情况。新华分社已经组建了相关工作机构，包括接待、安保、庆祝活动、会场布置等工作组，同时围绕交接仪式、宣誓就职和计划在红勘体育馆举行的庆祝活动等开展了大量工作。朱副社长还提出了一些问题和建议，包括我方组织的活动，如宣誓就职仪式、招待酒会具体到底谁来负责？证件谁来设计制作？经费如何保障？等等。

袁鹏雁秘书长随后介绍了为中央代表团、观礼团以及相关工作团队预订酒店的情况，第二场活动场地设计、建设进展情况，提出会展二期宣誓就职场地建设还要用两个月即到6月底才能完成，时间比较紧，他们现在正在督促施工队伍抓紧建设。现在各个部门负责的工作在会场内所涉及的设施，如新闻组所涉及新闻设施装修建设有哪些需求要尽快明确。袁鹏雁提出，第三、第四场活动是由我们拿方案还是将来由特区政府拿方案要明确，庆祝大会的场地红勘体育馆要尽快去落实，涉及的问题会比较多一些。将来给参加庆祝活动的有关嘉宾要赠送一些礼品，这项工作也是十分具体的，以及一部分嘉宾会从深圳乘车到香港，交通工具的协调工作等，他建议成立相关的工作专班，抓紧来组织落实有关工作。

徐绍史局长对香港分社的工作给予了充分肯定和感谢，认为分社已经做了大量工作，设置了工作机构，明确了责任，为中央代表团、观礼团赴港做了大量准备，也梳理出了一些问题，提出了一些工作设想，成效可观。

这次会议还介绍了中央政府给特区政府的礼品紫荆花设计的情况。

3 月 24 日，由我代表新闻宣传组汇报了宣传组关于香港交接仪式等重大活动新闻安排、宣传工作的有关筹备情况，着重介绍了与英方谈判的进展、取得的成效；中英双方围绕发布联合通告、设立新闻工作组、新闻联络官员，双方建立的协调联络的工作框架有关情况；介绍了新闻中心目前设计建设的进展，中央电视台、中央人民广播电台、中国国际广播电台以及新华社和文字媒体使用新闻中心的情况；汇报了目前面临的主要问题和下一阶段工作的主要安排，着重是关于现场的具体安排、新闻中心的具体使用情况、广播电视转播的技术保障、后三场重要活动的设施设计和新闻安排，以及国际媒体报名受理情况等。徐绍史局长对新闻组的工作给予了充分肯定，认为"进展比较顺利，行动比较迅速"，同时也提出了一些建议。

3 月 24 日下午，我随同徐绍史局长一行从香港来到了深圳市，下榻市政府迎宾馆，继续开展有关调研考察。

3 月 25 日上午，在市政府迎宾馆，我们听取了深圳市政府的有关汇报，深圳市有关同志介绍了在深圳为中央代表团所做的准备，包括宾馆饭店以及车辆等，介绍了准备在深圳 6 月 30 日、7 月 1 日组织的群众性庆祝活动、文艺晚会以及在华侨城锦绣中华准备的演出活动、城市的市容市貌布置、保卫工作等有关情况。其他几位领导相继做了补充介绍，包括有关安保、通信设备的保障。宣传部副部长张春雷介绍了在深圳的有关宣传庆祝活动安排和宣传报道安排，以及如何落实好中央新闻单位对深圳市在提供保障方面的需求。

徐绍史说，深圳市积极准备，做好接待中央代表团的工作，虽然工作量很大，但工作很有成效。他对于面临的形势和工作任务的艰巨性进行了分析，提出了对于车辆的需求，指出对驾驶员、接待人员的培训和演练还需要进一步抓紧推进，要求制订一个总体的接待方案，做好相关工作。

当天下午，前方工作组在贝岭居听取了安全保卫小组的汇报。贝岭居是新华社香港分社在深圳的办事机构，兼作招待所，前方工作组后来有一段时间就在这里办公。安保组工作团队围绕交接仪式、宣誓就职、庆祝大会、招待酒会等重大活动，制定安保方案，并加强在港中资机构的安全保卫。组织开展遏制香港黑社会势力、打击敌对势力破坏活动的工作，建立了指挥系统，取得了积极进展。他们也希望能够多了解一些其他各组工作情况，加强统筹协调。

第二天，前方工作组举行了内部会，对调研考察情况进行小结。参加考察的各位同志都作了发言，谈了自己的感受。

徐绍史总结说，20日到28日的考察调研，使我们对情况有了一个比较具体的了解，从目前情况看，会展中心二期七楼宣誓就职会场建设装修任务比较艰巨，要抓紧实施。从听取分社、宣传组、安保组、深圳市有关汇报来看，大家都在根据各自的工作计划积极推进，取得了较好的成效。他明确了下一阶段要进一步细化的相关工作。从大家反映的问题看，除了会展二期的建设装修布置、海逸宾馆码头的修建、给来访嘉宾的礼品、向特区政府赠送礼品及赠送仪式的有关组织工作，以及涉及前方人员的往返签证等，需要抓紧推进。还需要尽快将一些重要活动对外公布，该保密的要做好保密，但因为活动涉及的部门比较多，而且是公开活动，所以尽可能早些对外正式发布相关消息。此外，从深圳赴港的车辆入港问题，也要抓紧落实好。从目前看，大家都认为加强统筹协调十分重要，所以前方工作组任务是重要的、艰巨的。关于新闻工作领域一方面落实好谈判有关事项，包括信号传输的线路问题等；另一方面对海外的活动，包括我驻外使领馆的活动，海外华人华侨的有关庆祝活动，也要纳入到新闻报道中去，可把它列入整个新闻宣传工作方案里去。对英方组织的告别酒会的采访怎么安排、是否参与、是否报道等，都要作出部署。

下一步要进一步建立和未来特区政府的联络沟通渠道，因为一系列活动和准备工作都需要与特区政府一起研究确定。同时，他对前方工作组下一阶段的工作也提出了意见和建议。考虑到前方工作组是庆祝活动筹委会的一个工作机构，将来会越来越多地跟各方联系，当务之急一是下面可以设置一些专职的工作组，包括接待、联络、总务、宣传、安保工作专责小组；二是对外也应该有一个名称，便于对外联络，开展工作。

3 月 26 日晚，深圳市委主要领导举办了一个气氛热烈的晚宴。一方面是欢迎国务院副秘书长李树文一行，他是下午到深圳的，他也是庆祝香港回归接受仪式及庆祝活动筹委会办公室的主任，前方工作组团队当然参加了；另一方面，晚宴上还有中央有关部门和湖北省领导等，他们正好在深圳出差，有七八波人，所以很热闹。我们中央前方工作组人员被安排坐在一起，相对都比较年轻，大多是处级干部，是一个比较特殊的群体。吃饭时，大家互相交流，按当时习惯做法，也会给其他桌的领导和同事们敬敬酒，寒暄寒暄，大家都有一种特殊的自豪感，一批来自中央各部门的年轻人、骨干，聚集在这里，为了一项重要工作、一项事业，一起努力。

正如周南同志后来接受记者采访时所说的，"所有工作人员也都有着非常强烈的责任感和使命感。你想呀，鸦片战争之后，我们国家遭受了多少耻辱，又是割地，又是赔款。收回香港，是我们第一次把别人抢去的东西又拿回来。能参与这样一件事，那是很大的光荣，个人就是有点小事，那也不算什么。大家就是一个心思，怎么才能不辱使命，把自己担负的工作干好。"

第二天，3 月 27 日上午，在贝岭居会议室，李树文副秘书长主持召开了前方工作组考察调研汇报会，公安部等有关部门、新华分社香港分社的有关领导，深圳市的负责同志一起参会。

首先外交部港澳办处长陈山民汇报香港政权交接仪式有关工作的进展情况。从 1995 年 8 月以后，中英双方在围绕政权交接的一系列问题开展激烈交锋的同时，也围绕着政权交接仪式有关安排开展激烈的讨论。包括交接仪式的地点，是露天还是在室内；邀请的嘉宾除两国的嘉宾外是否邀请国际嘉宾，邀请哪些人；升旗仪式除了降升英中两国国旗以外，是否要升特别行政区区旗，以及签字仪式等。1996 年 9 月，两国外长正式签署了会议纪要，达成了共识。目前外交部正一边在与英方会谈交涉，一边起草相关的方案，包括邀请嘉宾的方案、现场部署的方案等。

外交部礼宾司参赞李树立介绍了交接仪式会场的一些具体布置和礼宾主要流程。

上午会议的议题主要是围绕着政权交接仪式的内容安排和礼宾安排展开的。下午 3 时，会议继续进行。

先是由港澳办副处长王晔介绍由港澳办负责的有关活动的安排。主要是第二场活动，也就是凌晨举行的特区政府宣誓就职仪式的活动，时长大概三十分钟。初步确定由钱其琛副总理主持，大概凌晨 1 时开始，江泽民主席宣布特区政府成立；行政长官宣誓，李鹏总理监督；行政长官讲话，李鹏总理致辞。参加人员初步考虑英方除一些离开会场的人以外，其他人基本上都可以邀请他们参加。第二场活动的场地比较大，人数可以多一些。会场准备了一个大屏幕，在转场的时候也就是凌晨 1 时之前可以播放一些节目，所以要制作一些高水准的电视片。会议围绕第二场活动进行了热烈讨论，因为这是以中央政府名义组织的，很多内容都没最后确定，需要研究。

第二天，李树文副秘书长继续听取汇报，由港澳办处长叶宣介绍第三、第四场活动的安排。第三场是香港庆委会组织的庆祝大会，第四场是招待酒会。围绕着叶宣的介绍，大家也开展了一些讨论。除了活动内容、参加人员外，也讨论了这两场活动的证件制作、管理，安保工作等。徐绍史局长简要汇报了前方工作组进行考察调研的情况及提出的一些工作建议，包括抓紧进行会展二期会场的修建工作、尽早对外公布后三场活动的消息、建立好前方工作机制等。新华社香港分社办公厅刘克全副主任汇报了关于车辆等后勤保障问题。有领导提出，能否考虑办一些临时车证，在一个时期能够在深圳和香港两地通行。

会议围绕几场活动的准备工作进行讨论时，还提出了一些建议：

第一场活动，希望外交部能尽快与英方进行商谈，把程序确定下来，同时也要了解英方 6 月 30 日晚宴的情况，以便确定中方是否参加？媒体是否报道？

第二场活动，宣誓就职仪式，建议港澳办等相关部门抓紧推进相关工作，同时做些调研，了解世界上其他一些重要国家举办宣誓就职仪式的方法，以及有关法律法规等。

第三场活动要加强协调、推进，设计好中央赠送礼品和各省市自治区赠送礼品的环节，整个庆祝大会的活动要营造好热烈欢快的气氛。

第四场活动主要是钱其琛副总理参加，讲话内容也要抓紧准备，这场活动的邀请范围等要抓紧提出方案。

李树文副秘书长作了简短的总结讲话，充分肯定了这一段时间以来各项工作取得的成绩。他说大家既有分工，又是一个整体，相互协调，同步推进，取得了很好的成效。随着时间的临近，现在相关工作要进一步细化落实，要落实到各个机构，落实到人。他对前方工作组的工作进行了部署，指出从现在开始就要建立值班制度，在深圳设立办公室，工作人员要逐步进入前方开展工作。他说，在座的同志们能够参加到香港回归的这项工作中来，是一件很光荣的事，也是一个重要的使命，有很重要的责任，大家都要尽自己的努力完成好工作任务。这番发言，更像是一种动员，我们还是很受感染、很受鼓舞的，也深深为自己能参与这样一项重要的工作而感到骄傲。

国务院港澳办处长叶宣等，多年后特别撰文回忆道：

我们曾分别参加了香港特别行政区筹备委员会联络组和香港特别行政区成立暨特别行政区政府宣誓就职仪式筹备委员会名单组的工作。当年筹办庆典活动的一些往事仍然历历在目。

香港回归是包括香港同胞在内的全国人民的一件大事和喜事，为把回归庆典活动办得让香港同胞满意、让全国人民满意，我们在筹备庆典活动的许多细节问题上，既发挥内地举办会议、活动的优势，又充分考虑香港的实际情况，尊重香港同胞的习惯。

比如，香港回归庆典系列活动中的特区政府成立大会原来拟定的名称是内地常用的"××××成立大会"，但这并不符合港人习惯，我们了解到这一情况后，将原定的名称改为特区政府建议的，也容易为港人所接受的"中华人民共和国香港特别行政区成立庆典"。

香港回归庆典活动中有一个重要议程，就是董建华先生代表特区政府讲话。董建华先生上报了他们起草的讲话稿，请中央审示。香港的文稿写作风格和内地有很大不同，但中央领导同志完全尊重董建华先生所要表达的意思，对文稿没有作任何改动，原原本本地保持了原稿风格、特点。

在安排特区政府宣誓就职仪式时，原先计划用普通话宣誓。后来我们考虑到部分特区政府官员，尤其是许多法官不会讲普通话，而英文和中文都是基本法规定的特区官方语言。为了避免出现部分官员无法用普通话宣誓的情况，中央政府果断决定，在宣誓时可以任意选择这两种语言中的一种。

由于我们在活动安排上处处尊重香港同胞的习俗，香港回归庆典活动不仅受到中央领导同志的肯定，还得到了香港同胞的广泛赞赏。

细节决定成败。在香港回归庆典系列活动筹备过程中，工作人员精心研究、周密计划，制定了十分详细的活动方案，并且责任到人，使各场活动井然有序。

香港回归是国际社会瞩目的大事，希望亲临现场参加庆典的人很多，而举办庆典和仪式的香港会展中心大会堂最多只能容纳3000人。按照统筹兼顾、体现广泛代表性的原则，中央研究决定出席活动的嘉宾主要由四方面人员组成，即中央代表团与内地观礼团成员、英方代表、香港各界代表、中央驻港机构代表和中资企业代表，并经过反复研究确定了各个方面人员所占的比例。

在具体落实嘉宾名单过程中，我们充分考虑到各种因素和变化，如最初表示能来参加活动的嘉宾，最终可能会因为这样或那样的原因而不能出席。如果不深入了解嘉宾情况，我们就无法掌握最终出席活动的人数。而对于如此重要的场合，我们也不可能在最后时刻再临时邀请别人，这就可能使十分宝贵的席位被浪费。为此，我们采取了三轮征询邀请的方式来确定最终的嘉宾名单。首先由有关部门按既定的比例提出 3000 人的名单，我们向这些人发送邀请函，请他们在两周内给予答复。在收到答复后，我们将当天无法出席的嘉宾人数加以统计，计算出空缺的席次，然后将这些席次按比例交予有关部门，请他们提出后备名单，我们再向这些人士发出邀请。如是又反复一次，总共发了三批邀请函，根据答复情况确定了最终的嘉宾名单，正式发送请柬。这就保证了最终获得请柬的嘉宾都是肯定能出席活动的人士。仪式当天，整个会场内座无虚席，气氛隆重热烈。

落实名单之后，就该安排嘉宾座次了。我们是怎样设计座次的呢？主要采取"对号入座""重点防范"的办法，将嘉宾就座区分为前后两部分共五大区域，宣誓就职的官员安排在前部分的中间位置，中央代表团与内地观礼团的成员安排在宣誓就职的官员左侧区，英方代表和有关国际人士安排在宣誓就职的官员右侧区，香港各界代表、中央驻港机构代表与中资企业代表安排在会场后部的两个区就座。

之后，我们从既方便嘉宾相互交谈又确保活动安全角度考虑，逐一分析每位嘉宾的具体情况，为 3000 位嘉宾一一编定了座位号。各方面的嘉宾都对座次的安排表示满意。

香港特别行政区成立暨特区政府宣誓就职仪式紧随政权交接仪式后举行，参加这场活动的不少嘉宾刚刚参加完政权交接仪式，他们需要在很短的时间内转到新的活动场地并立即就座。为了方便每位嘉宾迅速准确地找到座位，我们除了在给嘉宾的请柬中附上座位标签外，还专门设计了一套将每一位嘉宾与其座位号一一对应的电脑查询软件。仪式举办当天，我们安排专人在会场设立了查询台，通过示意图和电脑查询软件为嘉宾服务，并安排专人引领，确保 3000 多位嘉宾在短时间内有序就座。

香港回归庆典活动筹备和实施工作涉及不同国家、不同地区、不同文化，是一项系统工程，有很多新情况、新问题需要应对，但由于有党中央的高度重视和香港各界的大力支持，这场国家的重大庆典活动最终顺利举行。

在庆典活动筹备和实施过程中，中央领导同志高度重视每一项活动和每一个细节，及时作出重要指示。例如，为了选择最佳、最安全的场所来举行香港政权交接仪式，我们查阅了过去 20 年的气象资料，缜密分析和研究，推测出香港政权交接仪式举行当天下雨的可能性非常大。这一情况报告上去后，中央领导同志迅速批示，指示我们说服英方改变了原先准备在露天举行仪式的主张，避免了大雨对仪式顺利举行的影响。……事实证明，这样的调整和改变是正确的。

在安排宣誓就职仪式时，我们发现，由于官员是分批从各自的座位走到前台宣誓，且人数较多，这使得中间的走台时间过长，势必影响现场气氛。了解到这一情况后，我们连夜开会讨论，决定在走台过程中安排军乐队奏乐，这样既避免了现场气氛陷入沉闷，又可在出现突发事件时分散大家的注意力。

香港商界得知政权交接仪式改在香港会展中心举行之后，也给予了大力支持。香港会展中心承建商重新配置资源，加快工作进度，仅用一年多的时间就高质量地完成了会展中心的建设，确保了交接仪式如期举行。①

---

① 叶宣等：《23 年前的往事——回忆 1997 年香港回归庆典筹办工作》，《秘书工作》2020 年第 7 期。

10 快马加鞭

抓紧落实各项新闻工作

前方工作组深圳会议结束后，我马上回到北京。一方面要抓紧梳理上次技术谈判的情况，涉及的一系列具体事项需要落实；另一方面与中央各媒体之间的协调工作也要抓紧推进，他们的有关要求，包括电子媒体和文字媒体在新闻广播中心的使用的情况，要尽快与港府新闻处协调落实。

在协调组建中央采访团的过程中，我和国新办港澳台局的同志还研究在北京举行的庆祝活动相关事情，尤其是如何把 6 月 30 日在天安门广场举行的庆祝活动的电视信号传送到香港、向世界报道。应该说这也是一项技术性很强的工作，需要与在香港的交接仪式活动信号传送技术问题相衔接，所以也占用了比较多的时间来协调、研究、落实。

这一时期，部队组织采访报道团队的工作日益突出，因为部队也要派出记者采访驻港部队的进驻，由此提出部队的记者也应该参加香港政权交接仪式采访报道，采访驻港部队与英方在驻地的交接仪式，所以联络协调工作就比较密集，部队派出了总政宣传部肖平干事与我密切沟通。1976 年至 1981 年，我曾在中国人民解放军空军服役，和部队同志沟通起来也比较顺畅。

由于前两次谈判与港府统筹处建立了联系，我作为中方首席新闻联络官与英方的首席新闻联络官、港府统筹处助理处长谭罗南华加大了联系力度，随时沟通有关情况。

我与谭罗南华之间基本上隔三岔五就要通电话，有的时候每天都要进行联系。她会通报目前国际媒体报名采访香港政权交接仪式的最新动态情况，这也是我们提出的要求，并时时介绍中央媒体与她们联系的动向。我们也请她协助办理新闻组官员和有关媒体赴港的签证，询问了解一系列涉及回归期间人员、设备入港的有关问题；也希望她推进包括直升机入港拍摄等事项的协调。谭罗南华在向我介绍新闻中心的使用和报名情况时，谈到也有零星的一些中央媒体和地方媒体机构向港府新闻中心报名注册，他问我怎么处理比较好。我们明确表示：为了统筹内地媒体的报名注册和使用新闻中心申请工作，中国内地媒体的报名和使用新闻中心工作间的申请，由我们中方新闻组来归口协调，统一向她们提供材料、需求。

在频繁的联络中，我有一个深刻的体会——此时此刻，像谭罗南华这样的港府新闻处的官员，既是我们的"对手"，因为代表英方；又是我们的伙伴，因为他们毕竟是在香港出生成长的官员，随着香港回归的临近，在工作中体现出了友好合作精神；他们还是承办方，中英谈判达成的协议明确了具体工作由港府落实，我们一系列的事情也需要得到他们的支持和配合，包括证件的办理、新闻中心的使用、各场活动现场会场的新闻安排等，所以互相支持和配合十分重要。应该说，谭罗南华和港府新闻处大多数官员在顺利回归过程中发挥了较好的作用。

像谭罗南华这样的公务员在港英政府里不在少数，一方面当然是现实的理性的选择，他们中的大多数人在回归之后仍会留在公务员系统中，需要为自己未来的职业生涯谋划；另一方面，毕竟是炎黄子孙，身体里始终跳动着一颗"中国心"。

香港本地媒体曾经报道过港英建筑署署长陈一新的一个小故事，是一个很好的例证。

二十世纪九十年代，陈一新署长为了在九龙城寨兴建公园，率团到安徽、江苏一带考察。一日，下了风景如画的黄山，走进一个古村落，忽然听到琅琅的读书声从一片白壁青瓦的高墙背后传来。他绕过这片破旧的高墙，看见一个明代的古祠堂，小学生们正在里面上课。他以建筑师的专业眼光上下左右审视，发现这个祠堂的维修和保护已经刻不容缓，如果继续这样使用下去，不但古建筑将不复存在，而且师生们的人身安全也将面临危险。他问村委会的负责人，为什么不维修？回答是如果维修孩子们就得停学。他再问，如果在村里另找地方建所学校，有没有可能？需要多少资金？回答是有地，建筑费三十万元。陈署长记在心头，继续旅程来到江苏省宜兴市，宜兴是陶器之都，陈一新当即定制了一批紫砂茶壶，作为九龙城寨园林公园开园纪念的义卖品。这次义卖加上署里同事们慷慨解囊，成功筹得了五十多万港元，悉数投在了安徽黄山脚下建学校和维修古建筑上。1996年年底，就在中英双方就香港回归问题谈判正酣之际，陈一新还和署里的同事们去安徽，出席小学校的落成典礼。港英当局对公务员的严格约束，随着回归脚步的临近，也已是"强弩之末"了。

4月7日下午，新闻组会同中央三台的领导和技术负责人，召开专题开会，研究讨论将在会展中心二期七楼举行的特区政府成立宣誓就职仪式的有关技术设施要求，这个问题也是新华社香港分社近期多次提出、希望宣传组尽快研究的。

政权交接仪式新闻安排的基本确定，为后几场活动奠定了一个基本框架。但因为会场大小略有不同，活动的内容、议题不尽相同，所以具体工作也会有一些变化。围绕第二场活动暨特区政府宣誓就职仪式会场的涉及广播、电视的直播拍摄所需工作间的线路，以及文字、摄影记者采访、拍摄区域平台搭建等设计，中央三台和相关专家提出了各自的意见，经过综合研究后形成了一个初步方案。大致是：

记者席安排在后区当中的嘉宾席区域内，可与五楼大会堂香港交接仪式会场相似，座位安排四百个，主要用于安排文字和摄影记者；

在后区建设一个平台，面积不小于五楼会场后区的平台，主要用于安排电视摄像和部分摄影机位；

在后区平台紧靠后墙的西侧，也就是会场的左侧设置中央电视台的转播工作间，大概长十四米、宽四米半，内部的设备、线路由中央电视台负责；

在紧靠中央电视台转播工作间的东侧，设置同样尺寸、外观相同的电视广播工作间备用，主要是考虑为特区政府的电视转播机构提供预留。

在会场的西侧，人行过道的外侧设置八个广播电台转播工作间，供中央人民广播电台、中国国际广播电台和香港主要电台转播用；

会场内涉及电视、广播转播的线路铺设及其他有关技术问题，可以参照交接仪式安排进行。

这个方案会后又经梳理研究和报批，传到了新华社香港分社，请前方的同志与负责二期建设的机构联系落实。

会议研究了中央三台参加交接仪式现场的大致人数。中央电视台提出要四五十人，其中十一台摄像机现场的转播需要十一个人，录音师和官方音频工作人员大概四五人，三台移动摄像机位和官方摄像师各五人，转播间的操作台需要预留二十人，还有归央视管的新影厂也需要有五名工作人员。

中央人民广播电台提出两个方案：高方案大概需要九人，两名播音员、两名记者、三名技术人员，两名工作人员包括领导；低方案则为五人。

中国国际广播电台准备用两种语言直播，需五名技术人员，英语四人，中文四人，记者席安排一到两人发通稿，总共需要十五人。

在与中央三台的领导和技术人员进行专题研究后。4月9日，新闻组与参加交接仪式报道的中央文字媒体的负责人进行了讨论。

参加人员有新华社副总编辑徐学江、中国日报副总编黄庆、人民日报当时在香港的负责人周庆、中新社副总编郭伟峰、总政宣传部干事肖平。会议首先研究了这几家媒体需要租用新闻中心的面积和设施。

（一）关于新闻中心工作间的安排，新华社提出需要七个工作间、九平方米一间，共六十三平方米，按照标准配备监视器及其他设施即可，其余设备他们会自己再增加装设。中国日报需要一个工作间即可，中新社需要两间，打通为十八平方米。人民日报需要一间，总政需要一间给解放军报，里面的设施都用标配即可。

（二）关于进入现场采访，新华社提出交接仪式至少要十一名记者，包括五名摄影、六名文字记者，包括中文记者、英文记者；报道解放军驻港部队入港需要十八名记者；在添马舰活动需要十一名记者。人民日报交接仪式需要五名记者，其中一名是随团的常备记者，另外两名文字记者、两名摄影。中国日报需要三名记者，其中一人摄影、两名文字记者。中新社每场活动需要四人，包括两名文字记者、两名摄影。部队媒体人数需求多一些，军报两人、八一电影制片厂两人、解放军画报一人，参加驻港部队报道的记者需要有十人。

新闻组还讨论了 7 月 1 日凌晨举行的特区政府成立宣誓就职仪式、7 月 1 日上午举行的特区成立庆祝大会和下午举行的招待酒会三场活动新闻安排的一些原则要求。

进入活动现场记者人数，提出应与进入中英政权交接仪式现场的记者人数相似或略多，为媒体采访提供更宽松更方便的条件。具体安排是特区政府宣誓就职仪式拟安排四百个席位，在后区平台上安排的摄像和摄影机位和记者人数比交接仪式略微增加。特区成立庆祝大会，拟为媒体安排五百个席位，设置摄像摄影记者区。招待酒会媒体人数将根据会场的安排和议程来最后确定。

进入现场采访的记者安排原则，拟参照交接仪式安排的方式，采用集中采访安排。中国内地和香港本地媒体享有优先权，对英方媒体给予适当照顾。争取每家国际媒体均有代表进入现场采访。

由中央电视台和香港电台分别代表中央政府和特区政府提供三场活动的公共电视信号。

安排中央人民广播电台、中国国际广播电台和香港三家电台在现场进行广播电台的现场直播，如英方有要求，可安排一两家英国电台做现场直播。

在讨论过程中，我们得知英方愿意安排中央媒体采访英方的告别仪式以及告别酒会，BBC 记者也通过中央电视台提出，他们能为中方媒体采访提供一些支持，也希望能采访中方举办的活动，所以我们把这一因素也考虑进去。但是否采访英方的告别仪式，如何做好报道还需要抓紧研究和决定。

11 运筹帷幄

钱其琛副总理亲自动员

　　4月15日下午，我们来到中央电视台参加关于中央电视台报道驻港部队进驻的有关工作会议，着重涉及安排直升机入港参加拍摄事项。解放军总参谋部、陆航局、北京军区等相关部门负责同志也都参加了会议。会上，中央电视台领导介绍情况，技术工作人员商讨细节。我和田进因为要赶往深圳提前离开会场，匆忙赶赴机场，下午5点左右来到了首都机场。好在央视的同志事先帮我们办好了登机手续，所以还算顺利赶上了航班。李树文副秘书长和我们乘坐同一飞机前往深圳。徐绍史局长来机场迎接树文副秘书长一行，这样我们在深圳又见面了。

　　第二天上午，李树文副秘书长召集前方工作组的同志一起开会，基本上是上次参会的人员。会上，徐绍史介绍了上次前方工作小组成立会之后工作进展情况；研究了外交部提出的第一场活动方案和港澳办负责的第二场活动方案有关事项；介绍了八百兆集群电话^①的准备进展、海逸酒店码头建设的进程，以及其他相关工作情况。

李树文副秘书长还介绍了各组的一些工作情况，包括安保组工作的进展情况。他提出几点工作要求：

一是工作程序"三个不变"：贯彻落实中央的有关精神不变，现行的筹备组织系统不变，各个部门的分工不变。他指出，前方工作组主要是加强统筹协调，推进工作，抓紧落实。

二是关于工作要求，各单位人员都要逐步向前方靠拢汇聚，要本着积极认真负责的态度推进相关工作。一方面落实好本单位承担的责任，同时做好前方工作组的各项工作。要加强协调联络，及时沟通情况。要注意安全保密，包括文件资料、电话等，要加强管理。要注意内部工作秩序和对外的形象，展示一个良好的精神风貌。李树文副秘书长还介绍了第二天（18 日）将召开的筹备领导小组会议的有关安排和主要议程。

4 月 17 日上午，正好有一些闲暇时间，我与外交部陈山民、

---

① 集群移动电话系统是价格较蜂窝网低、频谱利用率高，适用于容量不太大的专用系统使用，我国的第一个集群电话网是在广州引进的（摩托罗拉产品），于 1990 年 7 月开通，随后北京也于 1990 年 9 月开通。——编者注

港澳办陈山玲等前往深圳世界之窗、中华民俗村参观。这里是新建的深圳特区的两个重要文化场所，引进了国外的一些公园展示元素，又充分体现我们民族文化特色，在当时是两个很吸引人的地方。探访中我们感触颇深，充分领略了深圳特区文化建设的特殊氛围。

下午，我随同徐绍史、田进等一同去机场迎接钱其琛副总理和前来参加会议的各部门领导，国新办主任曾建徽随机同行。深圳市对这次会议和领导的到来十分重视，做了精心安排，从机场到宾馆沿路可以看到有不少欢迎群众，街道上也加强了管理，体现出了临近香港回归时，深圳特区热烈、喜庆的气氛。

4月18日上午，钱其琛副总理一行前往华侨城参加何香凝美术馆开馆仪式；下午，主持召开中央庆祝香港回归筹备领导小组的会议，会议邀请广东省和深圳市的相关领导一起参加。

早年钱其琛担任外长期间，不仅参与了香港回归祖国的最关键历程，更通过高超娴熟的外交谈判手腕，在中英双方有关香港政制发展的交锋中，坚决维护"一国两制"原则。据理力争又临危不乱，这是钱其琛在中英较量中给后人留下的印象。在他所著的回忆录《外交十记》中，曾满怀深情地记述道："香港回归是祖国统一大业的重要组成部分，几代中国人曾为之英勇奋斗。回归历程漫长，作为这一代人，我能够亲眼见证回归，已深感幸运，又有机会亲身参与回归历程，更是感到无比荣幸。"

　　这是一次特殊的会议，在深圳召开研究并部署解决香港回归交接仪式的一些重要问题的会议，意味着香港回归的有关工作进入到特殊时期。

　　会议首先请外交部赵稷华大使汇报政权交接仪式活动筹备的情况，研究讨论相关问题。

　　外交部也汇报了将在 7 月 1 日下午举行的特派员公署的开署仪式，建议请钱其琛副总理和其他有关领导、新华社香港分社、驻港部队的负责人参加，希望能纳入回归庆典活动的总体规划中去，并希望新闻组安排做好报道工作。

　　港澳办王凤超副主任汇报了特区政府成立暨宣誓就职仪式安排的进展情况，研究讨论一些事项，包括：

　　明确了要挂上中华人民共和国香港特别行政区政府成立暨宣誓就职仪式的横幅。

　　对主席台上人员安排，准备中央政府代表团成员、观礼团一部分成员和有关方面重要代表共一百人。同时也安排、特区政府和香港有关方面代表共一百人在主席台就座。

　　围绕会议的程序和大致时间安排进行了研讨。

　　会议拟由钱其琛副总理主持，宣布会议开始；

　　奏唱国歌；

　　介绍中央代表团的领导；

　　江泽民主席宣布特区政府成立；

宣誓活动，确定请行政长官、行政会议成员、立法机构人员、司法部门人员共分五批宣誓就职；

行政长官讲话；

仪式结束；

请中央领导接见特区政府的主要官员并合影。

安保组的负责人介绍了安保工作的准备情况，包括建立现场的指挥系统；加强与港府和特区政府官员的联络；加强有关领导同志随卫的管理，各场活动记者的管理，通信联络系统和在会场内外对可能举办的其他活动的管理等。

曾建徽主任代表新闻宣传组作了汇报，他介绍了香港举行交接仪式新闻安排的有关进展的工作，以及内地尤其是北京举行庆祝活动的有关情况，并且对一些重要工作提出来讨论。包括：在北京举行的三场活动，拟邀请外国媒体采访；境内组织活动的信号由中央电视台管理，请广电部、邮电部配合对外传送；对6月30日港英组织的一些活动拟安排做一些采访，进行简要的报道；对国内各省区市政府和企事业单位在香港刊登庆祝广告，拟不作安排。会议还讨论了关于中央代表团成立及是否设发言人问题，建议可晚些再作出决定；讨论了交接仪式后宣誓就职、庆祝大会和招待酒会活动的新闻报道建议方案。

新华社香港分社副社长张浚生汇报了在会展二期七楼举行宣誓就职活动的场地的建设和布置情况，提出根据行政长官的意

　　1997 年 6 月 27 日晚，陪同国务院新闻办公室主任曾建徽到会展中心二期将举办香港政交接仪式等活动的场馆考察

1997 年 4 月，作者与外交部负责港澳台事务的处长陈山民在深圳

见，第三场活动庆祝大会也安排在会展二期的大会堂举行，这样安保和其他组织工作都会方便一些。解放军进驻安排和香港市民的欢迎已经做了准备，建议可在新界安排几个点采访报道香港居民欢迎驻港部队的情况。

深圳市委领导汇报了深圳市做好接待的有关工作进展情况。

会议明确了中央筹备领导小组香港回归接收仪式及庆祝活动筹备委员会办公室在前方设置工作组的安排，设立三个组：联络活动组、新闻组、警卫组。前方工作组班子先在深圳办公，随着工作进展适当时候前移到香港。钱其琛副总理在总结讲话时，对近一时期来有关香港政权交接仪式各项活动筹备工作给予了充分肯定，对各部门和参与的同志们的努力表示感谢。他强调要加强统筹协调，各项工作要进一步细化，把各项具体工作研究好、落实好，要按照倒计时工作的计划把各项工作落到实处。我们努力做好香港回归工作，以优异成绩迎接党的十五大的胜利召开。他对前方工作组下一步工作提出要求，给予鼓励。

第二天下午，李树文副秘书长又主持召开前方小组工作会议，前方工作组的成员和新华社香港分社的袁鹏雁秘书长、刘克全副主任，以及负责外事、财务负责人等参加了会议。会议传达学习了4月18日会议的精神，就如何贯彻落实进行了研究，就会议提出的各项工作逐项进行了深入讨论。新华社袁鹏雁秘书长表示，要尽快实施交接仪式现已达成共识的布置方案，有关会议确定的议程、要求，尽快确定第三场活动的地点等，并尽快向特区政府通报，尽快确定好第二场活动增加的人员名单，做好欢迎解放军进港的有关安排。同时对香港庆祝回归机构举办的活动加强协调，对中央赠送礼品的安放地点要加快研究，要把各项工作做得更细更实。在会议研究讨论过程中，我也在考虑关于会场记者席的部署，需要进一步细化，记者接待管理的许多事项也要抓紧考虑，尽快与特区政府商讨后三场活动的有关工作方案。

4月20日上午，李树文副秘书长再次主持召开前方工作组会议，进一步讨论香港政权交接仪式和各场活动的安排，详细研究各项活动的细节。在讨论中，我们也提出并讨论了关于直播信号的字幕问题、中央领导会见外国政要和特区政府官员两场活动如何报道、港府晚宴的报道、对英方官员离开香港的活动如何报道等议题。

李树文副秘书长就前方联络组的工作进行了细化，进一步明确了前方联络组作为一个总体工作组，组长由他亲自兼任，下面再分三个组：会务礼宾组、接待后勤组、综合秘书组。联络组副组长由徐绍史、刘克全、师金城、袁鹏雁等担任。会上还设立了具体工作框架，对下一步前方工作组的工作机构人员、工作程序做了安排。李树文副秘书长指出，前方工作组要体现高效精干，工作要落实到组、落实到人，现在的联络员也可以作为办公室的工作人员。会后各个小组要抓紧筹建工作。三个层级人员到位后，抓紧召开一次会议。对外联络渠道主要是两条：一是与英方通过中英联合联络小组联络，二是与港府和未来特区政府通过新华社香港分社联络。现在前方工作组已经建立起来了，工作任务已明确，大的事项已确定，要抓紧推进各项工作。

深圳会议结束后，4月24日上午，曾建徽主任在北京主持召开香港回归接收仪式及庆祝活动筹委会宣传组工作会议。曾建徽是位"老外宣"。解放前，在昆明西南联大和北平清华大学学习期间，积极参加进步学生运动，成为中共北平地下党的一分子；解放后，他根据组织安排进入新闻界，长期从事对外新闻采编工作，历任新华社副社长，中央对外宣传小组副组长、中宣部副部长，中央对外宣传办公室、国新办副主任、主任，中央宣传思想工作领导小组副组长等职。

曾建徽主任在会上传达了深圳会议的精神，围绕深圳会议涉及宣传领域的各项工作进行了全面部署，包括对各项庆祝活动宣传的组织，中央采访团的组建，尤其是涉及在香港举行的各项活动有关谈判工作和宣传报道的组织工作。

第一，会议确定要加强对境外媒体采访的服务和组织工作。对在内地各地举行的活动，除一些特殊地方外，要允许并安排好境外媒体的采访。据当前掌握的情况，有不少外国媒体要直播在北京组织的有关庆祝活动，大概有三十多家电视媒体已提出申请，广电部要统一组织好服务，包括提供信号传输方面的服务，同时又要加强管理，防止出现问题。

第二，对于港英方面和香港各界在 6 月 30 日前后组织的一些活动，中央媒体也要安排做好采访，根据情况进行相关报道。驻港部队的宣传要做好规划，包括部队离开驻地进入香港，以及防务交接等，都要组织好报道。要充分发挥香港本地媒体《大公报》、《文汇报》、《香港商报》、《新晚报》、《紫荆》杂志、《经济导报》等的作用，安排他们采访好香港回归的活动，采访好驻港部队进驻和其他活动。

第三，关于在香港报刊上刊登广告一事，这也是一个传统，有重大活动，香港的报刊、电视，都会刊登国内各种机构的广告。会议也提出了要求，主要安排以企事业单位、民间团体名义刊登，主要应该在对我友好的报刊上刊登广告。

关于中央采访团的组建工作也要加速进行，目前已有六百多名记者报名，各参加采访的中央新闻单位要做好组织工作，各单位要开展培训，帮助这些媒体了解香港和香港回归的有关情况，为报道做好准备工作。

关于在境内举办的有关活动，包括举办有关画展，是否在天安门广场举办敲钟的仪式等问题也作了研究部署。会议明确，宣传组赴港采访团领导小组由曾建徽主任为组长，王凤超副主任、张浚生副社长为副组长，下设办公室，做好统筹工作，同时还设立秘书组、联络组和信息资料组等。各个组要加强协调，抓紧各项筹备工作，确定适当时候到前方开展工作。

驻港部队进驻的安排和宣传报道工作，越来越提到议事日程。据解放军总政治部宣传部领导介绍，他们已制定了比较详细的计划，将在深圳部队营地举行离营仪式，一方面展示出征前的军心和士气，另外也有助于为回归活动形成一个舆论声势，引导媒体做好报道。根据计划，为了体现自信和开放，也邀请十五人左右的外国媒体和五十人左右的港澳媒体采访。部队开进过程中，在不影响部队行进和序列的情况下，可适当安排媒体做些采访，沿途可设立几个点，比如说在文锦渡安排专门的采访区，便于媒体在那里采访。部队行进到香港新界北区的时候，香港民众会组织欢迎仪式，届时在那个区域也可组织一些报道。在添马舰举行的防务交接仪式，请新闻组安排媒体采访报道，并希望纳入到整体的宣传报道中。总政宣传部围绕部队进驻过程中的各环节，以及可能发生的各种突发事件制定了预案，拟定了相关的口径。他们希望，在宣传报道的组织、记者采访的安排管理，以及有关记者的培训等工作得到国新办的支持和帮助，并希望我们派员参与部队的有关工作，便于及时提出指导意见。

12 / 牵线搭桥

穿梭于深港两地

在香港回归"前方"工作紧锣密鼓的同时,"后方"各项宣传工作也全面展开。在内地尤其是北京将举行各种庆祝纪念活动,有关单位举办演出、画展、纪念展览等,不少单位要组织制作纪念品等,重大的项目要进行统筹和审核。

国新办港澳台局里有一个专门的班子负责,在北京时我们也要参与工作。其中有不少项目是跟总体的宣传报道和前方的部署有关,比如报道信号如何传送到香港新闻广播中心等。中央赴港采访团组建后,各新闻单位需及时申报人员名单,以便统一办理签证。另外,还要统筹各新闻单位开展培训。

香港回归交接仪式新闻安排谈判的后续工作十分繁杂,几乎每天要与对方的新闻联络官进行数次联系。包括境外记者注册情况的通报；中方新闻单位有关名单的申报、签证办理；新闻中心的有关技术问题；交接仪式现场新闻媒体的安排；直播电视席的确定；等等。这一时期，我们还就中央电视台在广播中心租用空间的建设、技术要求的实现、费用安排等进行了反复的谈判，开展大量的协调工作。同时中央前方工作组的工作也紧锣密鼓地展开了，我代表新闻组参与，需要把新闻组的工作与之衔接起来，所以投入了大量的精力。

5月6日至8日上午，李树文副秘书长在深圳多次主持前方工作组会议，深入研究参加香港回归交接仪式和宣誓就职等重要活动的有关人员名单，并请负责这些活动的部门同志作汇报，然后参加前方工作组的各相关部门讨论，提出意见。

围绕参加交接仪式中方代表团、观礼团以及相关工作人员进一步细化。有关香港各界安排的八十人名单，由港澳办和新华社香港分社领导介绍；有关三百名海外侨领，由侨办同志介绍；有关八十名台湾人士，由国台办同志介绍；有关两百多名国际非官方嘉宾及与英方交换名单和商谈的情况，由外交部介绍。在邀请的香港人员和国际人士中，根据事先中英双方达成的共识会有一些重叠，目前看大概有两百八十多人需要双方再商谈，然后再提出一份新的人员名单。会议还讨论了如何向参加这些活动的人员发放请柬等问题。新华社香港分社的领导也介绍了一百名驻港机构，包括新华分社、中资机构人员的安排和考虑。

关于宣誓就职活动。人员的名单由港澳办介绍，新华社香港分社汇报了他们的一些意见和建议。参加会议的各部门同志对各组的工作提出了一些具体建议，使整个安排进一步协调、细化。

参加完前方工作组的会议后，5月8日下午我迅即赶赴香港，与香港统筹办新闻组黄宏超、谭罗南华等商谈新闻安排事，这也是事先约定的一次有关具体工作的会谈。

会谈由中方召集人田进和英方新闻工作组召集人黄鸿超主持，在港府交接仪式统筹处会议室进行。会谈中，黄鸿超和谭罗南华根据我方要求，介绍了国际媒体报名的情况和有关新闻安排工作的具体进展。

（一）据介绍，到目前为止报名参加交接仪式及相关活动的世界各地的新闻机构已近八百家、记者八千多人。人数还在增加。考虑到记者名单需送安保部门审核需要一个过程，而且太多记者报名制作证件的费用等难以承受，同时有些报了名的记者未必来采访，统筹处准备停止为新报名的媒体进行身份鉴定。有些服务人员如司机等，准备从名单中剔除。计划名单送安保部门鉴定，大概一个月，即6月初向媒体发送身份鉴证通知书，6月12日左右开始办理采访证。

（二）关于交接仪式现场四百名记者的安排，对方表示将尊重中方的意见，体现中、英及香港本地媒体的优先权，划定一个数额，其余部分根据各国各地区报名新闻机构数量，按一定比例确定进场的人数。在会场后区拟设置十三个摄像单机机位，安排包括香港的无线电视、亚视和有线电视，美国、英国、韩国等国家以及中国台湾地区的电视机构使用。另外可安排二十到三十个摄影记者席，也在优先保证中、英及香港本地记者基础上，按国家、地区一定比例安排。可安排八个专门的电台转播间，加上在会场左侧同声传译间可安排的四个转播间，共十二家电台，其中优先中方、英方和香港当地电台各四家。统筹处正在与香港海关商谈为媒体携带有关设备出入海关提供便利。在新闻广播中心内，我中方文字媒体所用的工作间位置和面积，已根据要求做了安排。有关具体的费用，负责建设的相关公司正在与中方洽谈。在新闻中心为文字媒体提供的工作间的电视接收监视器，也就是工作用电视机，可接受十三路电视信号，其中将包括活动现场的公共电视信号和电视机构的播出信号。有一路是用于为媒体发布各种消息和通知的。

黄鸿超和谭罗南华在介绍情况后表示，他们很关心后一场特区政府宣誓就职仪式的新闻安排，希望能与交接仪式新闻安排衔接，保持连续性。同时也希望我们能介绍驻港部队进驻的有关安排，并尽早公布，以便媒体为报道做准备，因为香港的一些媒体也在考虑在哪里预设光缆。

田进对统筹处的工作和通报表示感谢。赞同统筹处对记者报名管理设置一截止时间，也赞同目前媒体安排的基本原则和方案。强调希望在新闻中心文字媒体工作间接受的电视信号中，能有中央电视台提供的三路信号；在新闻中心设立的两大电视屏幕墙能分别播出中央电视台和香港电视台提供的公共信号。希望统筹处确保中央电视台向广播中心主播室及各转播间提供三路信号，同时提出希望安排我新影厂和八一电影制片厂两个摄影机位，以便他们将这一重大的历史事件拍摄成电影胶片。

双方还讨论了中央电视台在广播中心设计建造转播间的收费问题，希望统筹处能够考虑中央电视台在转播交接仪式及其他活动方面的特殊作用和地位而给予照顾，对设计和施工单位加以引导。会谈总体顺利，黄鸿超等表示对中方提出的建议以积极的态度来研究，尽快回应。双方商定，统筹处尽快提供媒体报名的详细统计情况，近期再安排一次会谈，研究确定交接仪式现场新闻安排目前需要解决的主要事项。

5月8日会议后，我们又赶回深圳，参加5月9日上午国新办曾建徽主任听取深圳市委宣传部关于深圳市举办的庆祝活动及宣传工作的汇报。深圳市委常委、宣传部部长，分管副部长，广电局长等作汇报。据介绍，深圳市对香港回归的宣传活动做了精心的部署和安排，在倒计时的不同阶段组织庆祝活动，尤其是6月30日前后进入高潮——

6月30日晚上将在红湖公园举办大型焰火晚会；7月1日白天在市中心举行八场群众性的纪念活动；7月2日晚上，全市还将举行大型庆祝晚会，营造喜庆热烈的气氛。深圳市委宣传部将组织好深圳特区报、商报、法制报和电台、电视台、有线电视台等三报三台的报道，也希望中央媒体给予支持，开展报道。同时表示将配合中央采访团，做好相关的接待和服务工作。他们提出现在内地有不少记者来深圳采访，希望国新办加强协调管理，以便这些采访能在 6 月中旬之前完成，否则临近七一接待力量跟不上。另外对来深圳采访的香港记者和境外记者如何做好安排，希望提供指导和帮助。

曾建徽主任对深圳市安排的活动给予了充分肯定，提出深圳要立足自身，组织并报道好各项庆祝活动，同时可以安排记者采访驻港部队，报道好这些活动也很重要，是内地举行的庆祝活动的重要组成部分。考虑到加强统筹，深圳不安排记者去香港采访。国新办将向各地新闻单位提出建议，临近七一时不安排记者来深圳采访。

5 月 9 日下午，我参加了徐绍史局长主持的前方工作组联络员会，研究落实李树文副秘书长主持召开的工作会议精神，对各工作组近期的具体工作进行了讨论，研究细化参加庆典活动领导同志参加的各项活动具体流程、路线及时间安排，就有关方案进行了讨论。

第二天上午，前方联络组再次召开工作会议。研究部署有关回归期间的指挥系统，确定在华润总部设立指挥部，礼宾、新闻、安保各组有自己的办公地点，华润的办公室要汇总信息，加强统筹。

5月11日上午，我搭乘新华社香港分社的车赴港。下午2：30，我与央视同志赴港府香港交接仪式统筹处，与统筹处有关新闻官员、香港电台的技术专家，讨论交接仪式现场的电视机位的安排。技术专家介绍模拟摄像机位的安排，研究在会场可能产生的影响，以及如何做好协调工作。这项工作十分具体和细致，他们打出了幻灯模拟效果图，分析对在不同方位、不同区域的观众可能产生的影响。这在当时还是十分先进的，也让我们感到这样的安排比较科学。央视的同志也提出了一些意见，总体来说大家都出于一个目标，就是既要保证摄像机的位置合适以满足拍摄的要求，又尽可能把对现场嘉宾的影响降到最低。

这一期间，我时常往返于深圳和香港，一方面参加中央前方联络组的工作，另一方面与港府统筹处会商有关技术问题，同时处理大量的协调联络工作，包括国新办领导来往参加会议的安排、各类简报。此外，还要跟中央媒体，尤其中央三台协调。

5月13日上午，我和前方工作组的有关同志，以及中央三台的同志一起来到会展二期七楼的宣誓就职仪式会场，现场研究有关会场内新闻设施设计、光缆铺设、转播间的搭建、电视屏幕的安装等问题。

下午我与陈静溪一起来到谭罗南华办公室与她和冼锦甜磋

商，为下一次双方新闻工作组的会谈做准备。双方确定了下次会谈将在 5 月 19 日星期一下午举行。我们讨论了关于交接仪式现场四百个文字记者席、二十五到三十个摄像记者席分配方案。在讨论会场前区安排八名左右摄影记者时，对方提出除了中、英及香港本地摄影记者外，拟另安排两名国际媒体摄影记者。对此我表示需要商讨，指出目前看，在中、英及香港本地媒体中也有有足够国际影响力的媒体，似乎不必再安排其他国际媒体。在会场前区电视摄像机位，对方提出除中央电视台和香港电台提供公共信号的电视机位外，将为英国 BBC 再提供两个机位，我对此未表示认可，认为中央电视台和香港电台已代表中英双方提供公共信号，英方的 BBC 也可在会场的后区转播席中拍摄。会谈中再次确认了在后区的十二个广播电台转播间的分配，另有十四个电视单机摄像机位。对于我们提出需安排新影厂和八一厂至少两台摄像机在会场内拍摄，对方没有提出异议。

对方介绍说，董建华要求统筹处代表特区政府来组织好第三场活动庆祝大会和第四场活动招待酒会的新闻安排，所以从保持工作连续性考虑，他们也十分关注特区政府宣誓就职仪式的安排，因为这场活动是以中央政府的名义组织的，希望我方确认：第二场活动新闻安排是否由统筹处继续负责？新闻安排的原则是否与第一场相似？香港电台能否继续提供公共电视信号？十个电台转播间中，可否为英国电台准备一到两个转播间？

关于庆祝大会和招待酒会，他们初步的方案是第三场庆祝大会活动应该与第一场、第二场相似，因为是与第二场活动在同一地点。第四场招待酒会准备参考新华社香港分社历来酒会的安排。

会谈中双方也就新闻官员需要填写的身份鉴证表格、制作有关证件事进行了协商。对方介绍统筹处将安排约十五名新闻联络官参加采访交接仪式的记者引导、联络和管理工作。其他几场大的活动大致人数与此相当。我也提出了中方需要安排少量新闻官员在现场内工作，以便与统筹处协调并引导好中方媒体，对方表示赞同。

对方希望了解驻港部队进驻路线，以便为媒体采访做好安排。他们认为采访点设在落马洲口岸移民局周边比较好，一是空间比较大，有纵深，有利于记者拍摄部队进驻情况；二是传送电视信号的光缆铺设比较方便，基础条件比较好。

统筹处还想了解，中方对于英方在 6 月 30 日下午在添马舰举行的告别仪式是否做采访，是否需要为中方媒体做优先安排？同时希望了解 7 月 1 日中央政府向特区政府赠送礼品仪式的具体时间、负责部门，是否需要他们参与媒体安排？希望了解中央电视台提供公共信号是否从 6 月 30 日开始？ 6 月 30 日之前使用广播中心的大屏幕可能会有困难。同时确定中央电视台向广播中心主控室及各媒体转播间能够提供三路电视信号。统筹处希望我们能向其提供一些介绍材料和宣传品，包括介绍中央代表团及参加交接仪式的领导人的资料，以便统筹处统一对外发放。他们将向采访的记者提供一袋宣传资料，其中包括中英联合声明、基本法以及新闻广播中心的介绍等。

这次工作会谈取得了很好的成效，双方讨论、回应或明确了一些问题、安排，同时也提出了一些意见和要求，便于对方研究，为下次双方新闻组的谈判打下了良好基础。

谈判结束后，我们收到参加技术工作小组的央视总工程师丁文华的电话，他传来了两个好消息，一是央视与会展中心和香港大东电信公司已就租用新闻广播中心的设计建设、设备设施使用及有关价格问题达成了协议，这件事谈了较长时间，因为央视的转播工作间及有关技术保障，对于交接仪式的直播至关重要，尽快达成一致，对保证建设工期十分重要。另外一个好消息是，央视转播间向七楼宣誓就职仪式会场大屏幕提供信号技术上可以得到保证，并已做了测试。这是前方工作组和会务方面对新闻组提出的一个重要任务，应该说是能够完成了。

14 日下午，我随李树文副秘书长、徐绍史局长的车从香港返回深圳贝岭居，准备参加第二天前方工作组的会议。当晚，我一面抓紧编写近期与英方会谈情况简报，一面与各方联系，安排下一步行程。

在接下来的两天中，李树文副秘书长在深圳贝岭居主持召开前方工作组会议，继续研究关于参加香港交接仪式和宣誓就职活动有关名单和工作方案事宜。推动双方的名单进一步确认，请外交部继续抓紧与英方磋商。同时对在香港方面以及候任行政长官董建华提出的一些人员做好安排。会议围绕第二场活动人员也进行了讨论，初步确定英方参加香港交接仪式的有关嘉宾，基本都可邀请参加。会议还讨论了两场活动的一些程序、工作人员的部署。

5月17日，我又赶赴香港，继续协调相关事宜，尤其是为即将举行的中英双方新闻工作组的一次正式会谈做准备。

5月19日，在交接仪式统筹处会议室，中英双方新闻工作组举行正式会议。根据中英双方达成的协议，香港交接仪式新闻安排委托港府统筹处负责。现在，黄鸿超一方面是英方代表，一方面又是受中英双方委托负责新闻安排的港府代表，根据候任行政长官的建议，他们又将代表未来的香港特区政府来负责新闻安排的相关工作，所以有三重身份。

第一阶段，黄鸿超代表英方和港府统筹处做通报。

到5月上旬为止，报名参加香港政权交接仪式及其他庆祝活动的来自世界各地的记者人数已达到八千四百二十三人，分别来自四十六个国家和地区的七百七十八个新闻机构，其中一百五十八家电视机构、八十九家报刊、五百三十一家杂志社家，统筹处现在正抓紧进行身份鉴定，计划在6月初向各媒体发送鉴证通知书，办理采访证件。

双方围绕政权交接仪式现场记者、设施安排等一系列事项进行了讨论。

（一）关于现场内负责直播的电视机位，我方提出机位安排应掌握三项原则：一是尽可能减少对会场的影响，二是中英双方对等，三是尽可能设置固定机位。对方表示赞成，并确定由中央电视台和香港电台的专家们去商讨研究，形成方案后报新闻组。关于对方曾提出的要在前区为 BBC 安排两个摄像机位，我方已经提出反对意见，对方没有再次强调。

（二）关于会场内四百个文字记者席位，双方达成一致，以中、英及香港本地优先安排，同时适当考虑不同国家和媒体原则确定。中、英及香港本地两百席，其中中国内地媒体六十七席、英国媒体六十七席、香港本地媒体六十六席，其余两百席在保证每一个国家或地区的媒体都有记者进入现场采访的基础上，按照一个标准来确定某一个国家或地区可分得的席位。除四百名文字记者外，将在会场后区安排二十五到三十位摄影记者，分配方式同上述文字媒体的原则。会场前区安排九名中、英及香港本地官方认可的摄影师，每方三人，由各方自行指定。对方再次提出除中、英及香港本地三方外，再安排两位国际媒体的记者，我方表示，中方新华社和英方路透社等，其拍摄水准和影响力足够了，不赞成再安排其他西方通讯社的摄影记者。由于我方的坚持，对方也就放弃了这一要求。

（三）关于在会场后区，为一些国际机构提供十四个电视单机机位，供电视机构拍摄画面与公共信号编辑成自己的节目，从目前看有二十五家电视机构申请，拟按照一定的比例，分配给中国香港三家、中国台湾两家、日本两家、美国三家、韩国一家、泰国一家、法国一家、英国一家，我们表示赞同。

（四）关于在会场内安排十二个广播电台转播间，中英及香港当地电台各四个。

（五）关于我方提出会场内为新闻纪录电影制片厂和八一电影制片厂各安排一个电影摄像机位，基本达成了一致。

（六）港府统筹处派出十五名新闻联络官负责会场内记者管理，同时也将安排适量中方新闻联络官，在会场内开展工作，与统筹处的新闻官联络协调。

（七）关于采访的记者证件，在经身份鉴定后发放记者证，证件上标明记者所服务的国家新闻机构名称、姓名、记者类别，并配有本人照片。进入交接仪式现场采访的记者将再发另一证件，负责直播的电视记者将制作一种特殊证件，其他进入现场采访的记者证也将明确标识文字记者证、摄影记者证、摄像记者证等。

（八）会谈中双方讨论了新闻广播中心内大屏的使用和中央电视台向广播中心主控室提供三路电视信号问题，对方同意中央电视台在 6 月 30 日提供公共信号时使用一块大屏幕，在这之前两块大屏幕将均由港府提供信号，发布各种信息。关于中央电视台提供三路电视信号进入广播中心主控室事，对方只同意两路，所以双方进行了交涉，并把这个问题留待以后进一步讨论。

5 月 19 日下午会谈继续进行。双方都转变了角色，我方新闻工作组是作为中央政府香港回归庆祝活动筹备办公室新闻组的代表，而黄鸿超等作为董建华先生委托的部门及未来特区政府的代表进行会谈。双方代表性发生了变化，谈判内容主要是商讨宣誓就职仪式的新闻安排。

双方首先就宣誓就职仪式新闻安排的原则进行了讨论并达成了共识，即内地及香港本地媒体享有优先权，适当照顾英国及中国台湾地区和中国澳门地区的媒体，对其他国家和地区的媒体原则上延续香港交接仪式所采用的集中采访安排的方法，安排各国、各地区都有一定比例的记者进入现场采访。在会场后区安排四百个文字记者席位，还安排电视摄像单机机位和摄影记者席位，数量根据会场的情况后确定，应该会比前一场香港交接仪式略多。对活动提供两路直播公共电视信号，由中央电视台和香港电台各分别负责一路公共电视信号。在会场西侧安排九到十个广播电台转播间，其中为中央人民广播电台和中国国际广播电台提供四个工作间，为香港当地电台提供四个工作间，另外可留待如英国广播公司需要时使用。关于会场前区摄影师，主要安排内地和香港当地官方摄影师和摄影记者，如英方媒体有需求，可安排一位摄影记者。双方商定新闻广播中心在 7 月 1 日香港交接仪式后，将继续运作，为采访宣誓就职仪式等活动的媒体提供服务。

关于香港回归及特区政府成立庆祝大会和特区招待酒会，也就是第三场和第四场活动，双方商定将按照宣誓就职仪式的新闻安排进行。

会谈中，双方也就 6 月 30 日英方将举办的活动新闻安排进行了讨论。对方做了一些通报，包括在添马舰举行的告别活动，将安排八千个记者席，问中方大概需要多少？彭定康离开港督府也安排了香港电台进入采访，届时也可安排一定的摄影记者。央视的同志表示，初步考虑对港督离开港督府和在添马舰英方举办的活动，我们也会做相关的报道，所以也要安排记者采访。对方表示要研究后回复。

应该说会谈进展顺利，关于香港政权交接仪式的有关新闻安排的具体事项，大多达成了一致。关于宣誓就职仪式新闻安排，双方达成了共识并为以后的重要活动的新闻安排确定了原则，为有关新闻安排工作的细化和推进奠定了基础。

13 / **万事俱备**

吹响前进的冲锋号

随着香港政权交接仪式时间的临近，各项工作同时呈现在我们面前。

中央媒体采访团的组织协调是一项重要工作。中央采访团于1997年3月正式启动。采访团由国新办牵头，大约有十六个单位。考虑到一方面要充分报道好香港政权交接仪式，另一方面又不要给当地在接待安排、资源使用上造成太大的压力，所以主要集中在中央的主要新闻媒体当中，大约六百人，人民日报三十余人、新华社一百一十余人、中央电视台二百八十余人。然后是外宣媒体，如中国国际广播电台，因为要用多语言做直播，有四十多人，中新社二十余人，中国日报约八人。此外，北京周报、中国画报各安排了若干人；解放军报、解放军画报、国防报、八一电影制片厂等需要拍摄、报道解放军驻港部队的进驻活动，安排了一些记者。行业媒体、地方媒体不安排记者，要是面面俱到，那将会有多少记者聚集到香港啊！

征鼓声声催回归。香港同胞在翘首以待，全世界也在注视香港回归中国的历史性时刻。"九七"前后，各国飞往香港的空中航线已成为世纪之交的第一条热线：

澳大利亚航空公司从 1997 年 6 月 15 日后飞往香港的机票爆满；

英国航空公司"九七"前的各个航班机票预订一空；

加拿大航空公司除"六一"儿童节外，机票亦告售罄；

维珍航空公司 1997 年 6 月以后的机票已经全部卖完；

……

更有甚者，来港的各国人士从现在起便在香港预订上了房间，香格里拉酒店、富豪酒店、丽晶酒店、新世纪酒店、海景酒店等临街靠海的高级酒店的订单似雪片飞来……

6 月 9 日下午，香港回归及庆祝活动筹备办公室在深圳举行动员大会。中央有关部门、国务院港澳办、新华社香港分社和深圳市的领导同志，相关部门参加前方工作组的同志都参加了会议。会议由中办副主任、香港回归接受仪式及庆祝活动筹委会副主任胡光宝主持，国务院副秘书长李树文介绍汇报了目前筹备工作进展的情况，筹委会主任、国务委员兼国务院秘书长罗干做动员部署。

动员大会后，各工作组围绕落实罗干同志的工作部署，分别开会研究。新闻组当天下午召开了工作人员的全体会，这也是在前方工作组的框架内新闻组第一次全体会议。田进局长介绍了机构设置情况、人员的分工、各自的职责，并对下步工作提出了要求。

第二天上午，徐绍史局长召开了各工作组相关负责同志的会议，就落实罗干同志部署提出要求。安保组、礼宾组、新闻组参加会议的负责同志，简要汇报了工作情况，并就下一步的主要工作进行了讨论。徐绍史提出了工作意见和要求。

10日下午，为曾建徽主任和其他有关领导回北京送行后，我和田进、局秘书赖素鸿等乘车奔赴香港，从皇岗口岸出境，由落马洲进入香港，路上进行了热烈的讨论。此前，我们多次往返深港，但这一次与以往不同，是在前方工作组召开了动员大会、吹响了冲锋号之后出行，我们新闻组主要人员正式赴前线了，也意味着香港政权交接仪式活动新闻宣传战役的正式启动。

新闻组是各个小组中较早正式进入香港的，此次不是前往我们一直居住的南洋酒店，而是去香港半山上的摘星阁，这是为我们新闻组专门安排的一个办公场所，新闻组的同志将把这里作为基地，作为我们的"战时办公区"。这里将是香港回归交接仪式新闻宣传的指挥协调部。

当我们赶到摘星阁时，新华社香港分社的陈静溪、陈文俊和白净等人已经到了，正在紧张地布置房间，安装电脑、电话、传真机等办公设施，并对房间做了初步的安排和分配。我们一行在摘星阁汇合，也意味着新的办公点正式启用。

6月11日上午，中央前方工作组在深圳召开了一个特殊的会议。徐绍史局长主持，中央工作组的有关各组负责同志参加，港府参会人员实际是作为代表董建华及特区政府负责交接仪式相关部门的负责人。这也是中央前方工作组与候任行政长官授权的团队的对接、商谈会，主要议题是关于第二场、第三场活动及礼品赠送仪式的安排。

徐绍史局长对参会人员作了简要介绍，并表示先听听港府有关情况汇报。黄鸿超发言说，今年4月受董建华先生及特区政府委托，在港府统筹处设立了专门班子来研究后几场活动。他首先介绍了关于中央政府和各省区市赠送礼品活动的有关安排。目前，有关礼品赠送仪式的会场灯光、音响设施、揭幕仪式程序等，都已安排完毕；名单、请柬、新闻安排等工作正在有条不紊地进行。当务之急是，确定参加此仪式嘉宾名单，并向他们发放请柬；确定嘉宾日程表，以便做进一步安排；确定会场座位，安排彩排等。

关于第三场活动，由港府新闻处处长张敏仪介绍。目前整个庆祝活动预计时长一小时三十分，已经列出了一个节目表，计划

1997 年 6 月上旬，与中央人民广播电台、中国国际广播电台技术专家在工作现场

　1997 年 6 月中旬，围绕香港回归庆典活动新闻安排磋商工作之余，在已基本完工落成的会展中心二期外留影

由两位香港著名演员来担任活动司仪。港府方面想确认，领导人从哪里入场？开始时主席台上是否坐人？是否要放置椅子等细节，并提出董建华讲话时，内容将同步在大屏幕上显示。

候任行政长官办公室政策统筹局局长孙明扬补充说，第三场庆祝大会的座位编排，希望与第二场宣誓就职仪式相同，总的建议是，前区安排双方的代表团、观礼团、国际嘉宾和港府的高级官员，后面分六个区入座。

负责民政事务的李立新介绍了第四场活动招待酒会的有关安排。他们计划安排五千人左右出席酒会，其中四千八百名嘉宾，两百名工作人员。下午 3：45 左右，嘉宾入场。董建华和其他官员在贵宾室迎接钱其琛副总理和其他领导人，在此过程中可会见一些国际嘉宾。然后，董建华将陪同领导人进入会场。酒会中，钱其琛副总理和行政长官董建华先后上台致辞，在中间三分之一区域内与参加酒会的嘉宾们握手问候，4：50 左右离开酒会会场。酒会在 5 点左右结束。李立新还出示了酒会的会场示意图，提出嘉宾名单与第三场活动应该基本相似。

港府警务处负责人李明逵介绍了安保方面的一些安排。他说，计划从 6 月 25 日开始对会展中心进行封闭管理。在会展一期、二期的一层二层都要做器材检查。用三天左右的时间来对整个会场进行安全搜查。搜查工作由警队来负责，进场人员安检等由安保和统筹处人员来部署。他主要担心这期间会场内会有彩排活动，看如何统筹协调。封闭管理后，凡是领导人要进入会场，都将由安保人员陪同。整个安保工作，警队也已做了部署。包括领导人到达、交通、驻地和各场活动现场等。另外，在会展中心附近可安排四百余个车位，供持证车辆停放。警队也制定了处理突发事件的预案，分设若干小队，随时待命处置，由现场指挥官指挥。

徐绍史局长对港府官员们的介绍表示感谢。他说，近期港府统筹处开展了大量工作，对有关事项做出快速、周到的安排，总体很好。既考虑香港的实际情况、当地的元素，也体现了中国传统的民族特色。同时，还有一些需要解决的问题，包括领导人讲话稿翻译、展示，中央政府礼品谁接谁送，三十一个省区市礼品要进行拍摄等。在讨论中，港澳办和新华社香港分社的赵秉欣、袁鹏雁等也就庆祝大会、招待酒会一些环节提出了建议，进行了讨论。

动员大会后，前方工作组各小组开始先后进驻香港。12 日晚，在新华社香港分社会议室里，李树文副秘书长主持召开了中央前方工作组各部门负责人会议，这也是前方工作组第一次在香港召开工作例会，各组分别汇报了近期的工作情况和下一步安排，李树文副秘书长提出了工作要求。

从各组的工作看，现在都是在由工作方案到组织实施的阶段，把从 29 日到 7 月 2 日期间举办的各场重要活动，作系统梳理，落实具体细节。关于领导人的活动，包括抵达、各场会见，入场、转场、离开等，通过踩点、走场精细化。此外，还有大量的后勤接待工作，包括代表团、观礼团的接待、住宿、交通、医疗、通信等。各组也抓紧把进驻香港后的工作机制、联络渠道等尽快建立起来。前方工作组建立了每天的例会制度，及时研究各项工作进展，统筹落实好综合性事项，各个组之间加强沟通，便于齐头并进地落实好各项工作。

中央前方工作组的工作加大密度推进的同时，关于新闻安排的各项工作也在抓紧推进。6 月 12 日上午，双方就新闻工作又进行了一次较为正式的会谈。主要是就新闻安排的一些进展情况进行沟通。田进、我、陈静溪，还有央视的负责同志与黄鸿超、谭罗南华、冼锦甜、朱培庆等参加。港府统筹处通报了目前进入交接仪式会场的记者分配情况、电视单机机位安排情况。这些都是按双方达成的一致意见进行的，总体比较顺利。黄鸿超介绍了负责直播的电视摄像机机位安排，固定机位已确认，前区移动机位尚待双方礼宾、安保部门确认。双方还讨论了宣誓就职仪式新闻安排总体进展情况，以及在新闻广播中心如何为各转播间提供电视信号、大屏幕使用等。总体来看，此时中英双方谈判，英方主要由港府统筹处负责，所以进展比较顺利，几场活动也都能统筹起来考虑。

6 月 16 日下午，新闻组在半山摘星阁会议室召开了各新闻单位负责人会议。田进主持，新华社香港分社宣传部周珊珊副部长以及中央各新闻单位的负责同志参加。各新闻单位通报了目前工作的进展情况、面临的主要问题，从中央人民广播电台和中国国际广播电台介绍的情况看，他们的技术人员在 12 日前后都已到达，技术方面的准备工作进展顺利。播音人员和其他相关人员会在 18 日前后到达，到 20 日各项工作基本准备就绪。他们表示，只要进入现场的人员得到保障，不出问题，整个直播和相关报道工作应该可以顺利完成。新华社徐学江副总编介绍了他们的工作情况，采访记者已分几批先后入港，正根据报道计划播发各种中英文稿件。目前看，中央领导的外事活动增加了不少，所以新华社还需要调配一些有外事经验和能力的记者来香港。他们希望能够及早了解各场活动的信息，以便做好采访报道的准备。新华社将争取能多播发高时效、高质量的新闻稿，优质高效地报道好香港回归。人民日报领导介绍，现在报道工作也已全面展开，人民日报、人民日报海外版、华南版、华东版已经在按计划刊发各种稿件，希望进入现场的记者名单能尽早确定。中国日报的黄庆副总编和中新社的郭瑞社长汇报说，准备工作整体进展顺利，记者先后到达，有个别记者因签证问题，现在还在进行交涉。他们将根据各自读者的特点，尽可能多地编发有针对性的稿件。中央电视台的领导通报了他们目前的工作进展。央视的直播也是整个新闻组的工作重点，一方面工作进展按计划进行比较顺利，但另一方面面临的问题也是较多的，所以也正在按计划推进解决过程中。另外，部队的同志也介绍了部队进驻香港的有关工作进展。

两天后，6月18日下午，曾建徽主任在摘星阁会议室主持召开了中央采访团领导小组的会议。除了上述新闻单位负责人外，杨伟光台长、张虎生副社长、高秋福副社长等也参加了会议。这次会议主要由曾建徽主任向大家传达中央有关精神，同时围绕怎么报道好香港回归工作进行了讨论。进一步明确了报道的重点内容，明确了要抢时效、报道好江泽民主席、李鹏总理等党和国家领导人抵达的活动，这些活动都是回归庆典活动的组成部分，不可能实行保密，所以要高时效、高质量地报道好。同时会议还要求对可能出现的各种意外事件、突发事件做好准备，制定预案。

举办大型活动，在开始前主办单位大多会举行欢迎媒体的招待酒会。而香港回归是由两国三方主办，国际媒体众多，难以安排这样的活动。因此，新华社香港分社在6月18日晚组织了一次招待酒会，欢迎来自内地的中央采访团的媒体记者。新闻组的同志们和中央采访团的已经到港的同志们都出席了招待酒会。酒会气氛十分热烈，新华社香港分社负责人致欢迎词，对来自内地的记者们表示热烈欢迎，同时介绍了他们所做的有关安排，希望能为采访团的采访提供好服务。

曾建徽主任代表中央采访团发表讲话，感谢新华社香港分社的热情安排和给予的大力支持。他说，现在采访团各路人马都已经到位，各项准备工作正在有条不紊地进行，为即将展开的新闻战役打下了良好的基础。这次香港回归的宣传报道任务重大，规模空前，有来自世界各国、各地区近八百家媒体来港采访，这是我国传媒同各国媒体比实力、比水平的一次硬仗，中央采访团一定要尽我们的努力做好新闻报道。曾建徽主任说，新闻报道要坚持"一国两制"方针为指导，以香港基本法为依据，弘扬爱国主义精神，充分利用香港回归这一国内外普遍关注的历史时机，广泛地宣传好我国对香港恢复行使主权的重大意义，宣传好中央政府在香港问题上的一系列方针政策和为确保香港繁荣稳定所做的不懈努力，宣传好中华民族血洗百年耻辱，欢庆香港回归的喜悦心情和欢乐祥和气氛。曾建徽主任指出，新闻采访团要齐心协力、协同作战，一方面由于在港采访报道的条件比较复杂，采访团各单位之间和单位内部之间要加强配合，提高业务能力，多出精品，争取文字报道、音像报道和图片报道都能有精彩的产品；另一方面我们还要与国际媒体开展竞争，要准备打一场新闻大战，利用我们的优势，在报道的规模和报道水平上，体现我们的能力和水准。他还指出要遵守纪律，采访团中很多记者没有从事过香港问题的报道，面临的是一个新问题、新环境、新任务。一定要遵守香港当地的法律，处理好与港英政府官员、特区政府官员，以及港澳台记者、外国记者的关系，要处理好与香港市民的关系，交往礼貌得体，展现出我们中央媒体人的良好的形象。

在招待酒会上，新闻组工作人员和各媒体同仁之间，大家广泛交流畅谈，气氛活跃，让从北京来的新闻媒体记者们有一种宾至如归的感受。

最初，我们觉得中央媒体人数应该是不少了，组织这么大规模的新闻采访团队赴境外开展采访，也是新中国历史上的第一次。但是，随着香港回归活动的安排，除了政权交接仪式、宣誓就职仪式、庆祝大会、招待酒会等四场活动外，还有大量的活动。比如国家领导人抵达香港、到达酒店、会见英方领导人，以及到达会展中心以后一些正式会见的新闻采访安排；钱其琛副总理兼外长的一系列外事会见；中央礼品的赠送仪式、驻港特派员公署开署仪式、香港方面大量的庆祝活动，还有部队进驻以及在基地的换防仪式；等等，尤其在 6 月 30 日下午到 7 月 1 日晚上，一场活动接着一场活动，记者难以连续性地采访，必须有不同的记者组成采访链，所以对记者的人数就提出了新的要求。一方面需要考虑增派一些人，新华社等提出了增派记者的要求，新闻组抓紧协调帮助办理手续等；另一方面，要力争使新闻安排更科学、精准，在有限的人数下，尽可能完成好采访任务。

这一时期各种会议十分频繁。我作为新闻组参加中央政府前方工作组的联络员，每天都要参加晚上的前方工作组例会，随时要去参加前方工作组在现场的各种会议、踩点活动，提出或回答关于新闻设施和记者采访人数等要求，保证记者采访报道的各种条件。从 6 月下旬开始，随着会场建设完工，我方组织或与英方联合组织的演练活动和彩排活动频繁举行。

6 月 20 日晚上，彩排第二场活动，也就是特区政府成立暨宣誓就职仪式活动的演练，这项活动是国务院港澳办主要负责，负责新闻、安保、外交等部门也都派人参加了演练，我们安排相关的记者，一方面模拟现场记者区的工作，包括文字记者、摄影摄像记者、电视直播的记者等；另一方面也要拍摄演练的一些实况，用于评估、讨论，留作资料等。

这段时间，我与港府统筹处的联系更加密集了。一方面我和谭罗南华等随时保持联系，围绕各种细节开展磋商，包括原来正式会谈中涉及交接仪式现场的有关安排、新闻中心中方媒体租用的各种工作间及其设施的配备、工作条件的保障等。由于现在港府统筹处不仅承担代表英方就交接仪式活动及会场的安排，也代表未来的特区政府跟我们接洽，所以又有很大一部分时间要一起商谈包括宣誓就职仪式、庆祝大会、文艺演出，以及我领导人在香港参加的各种活动的新闻安排。如果说这些场地，原来新闻组参与主要是关于保障媒体拍摄的设施要求的话，现在就更要具体化了，包括大概能安排多少记者、技术保障能否实现等。另一方面，中方举办的其他活动，包括特派员公署开署、礼品赠送仪式、领导人的会见等新闻安排，双方都会随时进行协商。重要的事项和阶段性的工作，会由双方的新闻组组长通过比较正式的方式磋商。

6月23日，双方新闻组又进行了一次较为正式的磋商。田进、我和新闻组有关同事，与黄鸿超、谭罗南华等一起交流。田进通报了中央领导将到香港，以及在香港将出席的重大活动的初步安排和考虑，并提出对其中大部分活动，中央电视台将做现场直播或采访报道，询问了解我领导人到达会展中心、与英方领导人会见等活动，英方及港府统筹处是否会做新闻安排？此外还通报了钱其琛副总理会见英国首相及其他几个国家外长的安排，也希望了解对方在新闻安排上的考虑。

黄鸿超和谭罗南华针对田进的通报和询问，穿插着做了一些回应，进行了交流。他们希望了解国家领导人是否已确定如何进港？当时这个问题已有基本安排，但还不能最后确定，有几种方案：一是乘飞机来，直接抵达香港启德机场；二是走陆路坐车入境；三是从海上乘船到香港。对方表示，在机场进入香港对于做新闻安排最有利，比较容易在停机坪旁边安排相应的采访席位，中央电视台和其他媒体等也可以把转播车停到那里，其他媒体可用微波直播。如果以其他方式入港，比如说走陆路困难会大一些，如果从皇岗进来会稍微好些，因为在口岸地方已经预做了一些准备，定了一些光纤，可以供 CCTV 和香港联合摄制组报道，制作公共信号。

黄鸿超也向我方通报了英方在 6 月 30 日傍晚举行告别仪式活动的一些安排，他说联合摄制组会直播，英方和香港的一些高级官员也会参加。从时间上说，希望与中国国家领导人抵达的时间错开，否则时间上有冲突，对将去机场迎接或口岸迎接中国领导人的活动会有影响。好在一般情况下，如果是机场抵达，接机仪式大约需要半个多小时就可以结束。他们提出双方可以围绕着机场迎接活动和相关机场安排，保持沟通联络，由具体的联络人员负责。

那个时期，中央赠送香港礼品的运抵以及礼品赠送仪式的新闻安排，越来越成为一项比较重要的工作。关于中央和各省区市向香港特别行政区赠送礼品工作，从 1997 年 3 月开始组织实施。中央赠送的礼品由文化部组织中央工艺美术学院等设计，确定是一个紫荆花的雕像，名称为"永远盛开的紫荆花"。由南通晨光集团进行礼品主体的前期铸造和贴金的喷涂工作，确定在 6 月初完工从南京海运前往香港。雕像花岗石的基座由广东东莞环球云石工艺有限公司负责加工，包括抛光、刻字、贴金等，在 6 月上旬由陆路通过汽车经深圳皇岗口岸运往香港。中央礼品的最后完工、审验，以及运送、通关进入香港，前方工作组多次进行研究，目前看进展还比较顺利。6 月 23 日，《永远盛开的紫荆花》坐落在了新建成的香港会议展览中心二期工程的东北侧，7 月 1 日上午庆祝大会后将举行揭幕仪式。《永远盛开的紫荆花》的设计者常沙娜女士，也值得在这里介绍一下。

常沙娜，是我国著名的工艺美术设计师。1931年她在法国里昂出生，童年时期跟随父亲常书鸿来到敦煌莫高窟，守护这座千年艺术宝库；留美归来后，遇到恩师林徽因，转向工艺美术设计专业，先后参与了共青团团徽、抗美援朝英雄纪念章、将军服等方案设计。1997年，常沙娜受命主持并参加设计中央人民政府赠送香港特别行政区的礼品。同年1月17日，常沙娜于深圳写生，完成了《永远盛开的紫荆花》的创意。"一花一世界，一叶一菩提。"敦煌壁画的花卉元素是她创作的源泉，大自然的生命形态是她设计的灵感。这朵盛开在香港会议展览中心广场的紫荆花，造型受敦煌壁画装饰图案的影响，兼具"永久性、纪念性、美术性"。

《永远盛开的紫荆花》是香港回归祖国的历史标志与纪念物，现在已经成为香港特区的地标，是海内外游客来港多会前往的"打卡地"。常沙娜说："作为设计师我很自豪。"

各省区市的礼品，由各省区市自己设计制作和运送，要求在6月15日以前运抵深圳。在深圳市相关部门、新华社香港分社以及各省区市护送礼品的同志们共同努力下，一次性集中运至香港，6月23日特区政府安排把各省区市赠送的礼品摆放到会议展览中心一楼、五楼的展览厅，这里是香港举办重要展览的场地，和中央赠送礼品的模型一起陈列。根据香港回归庆祝活动的安排，中央赠送的礼品，将会在7月1日庆祝大会后举行一个赠送揭幕仪式，而各省区市赠送的礼品由新闻组组织拍摄制作成视频，将在庆祝大会上由特区政府安排人员播放宣读，通过播放视频向嘉宾进行介绍，并在 7 月 1 日开幕"共庆回归——中央政府暨各省、自治区、直辖市人民政府贺礼展"，对外开放展出，也作为庆祝香港回归的一项重要活动。

临近香港回归，双方新闻组的磋商会谈除了研究确定四场重大活动和中国领导人抵达香港等重要活动之外，关于外交部驻香港特派员公署的开署仪式和解放军驻港部队的进驻，成为需要双方商谈的重要内容。

特派员公署开署仪式新闻安排相对简单一些，就在新设立的公署门厅举行，场地安排等相对容易。而解放军驻港进驻则要复杂很多，一方面涉及的问题相对敏感，英方设置的障碍也比较多；另外一方面涉及的内容多，从部队在深圳的营地出发，到部队行进、进入香港，双方在香港军营的交接换防等，而且涉及海陆空部队，有一系列活动要进行，地点也相对复杂。

关于驻港部队，这里援引一段报道，来管窥一斑。

可以自豪地说，解放军驻港部队的陆军、海军、空军都是具有辉煌业绩的英雄部队。

驻港部队中的步兵旅，是以威震中外的"红一团"为基础，抽调有历史荣誉的连队组建的。红一团诞生以来，英勇善战、屡建奇功。红军时期，曾担任长征先遣团，杨得志任团长，刘伯承与聂荣臻任先遣部队的司令和政委。在举世闻名的二万五千里长征中，在突破乌江、四渡赤水、攻占遵义、强渡大渡河等战斗中立下了赫赫战功。抗日战争时期，涌现过击毙日寇"名将之花"阿部规秀中将的"功臣炮连"和大义凛然、宁死不屈的"狼牙山五壮士"。解放战争时期，参加了辽沈战役和平津战役，随后挥师南下，把胜利的红旗插上了海南岛。在战争年代，红一团参加大小战斗千余次，涌现出全国著名战斗英雄李万余等功臣模范 1059 人。罗荣桓、粟裕、杨得志等将帅曾在这支部队战斗和工作过。1993 年 4 月 29 日，驻港部队步兵旅正式成立。

驻港部队舰艇大队的前身是南海前哨的猎潜艇大队。它成立于 20 世纪 50 年代，先后参加过"万山海战""八六海战""西沙海战"等著名战役，涌现出了海上先锋艇、海上英雄艇和战斗英雄麦贤得等英雄集体和个人。先锋一号艇在万山海战中，敢打敢拼，首建奇功。在新中国人民海军的史册上，留下了浓重的一笔。1965 年的"八六海战"中，猎潜艇大队又创造了小舰击沉大舰的辉煌战绩。1974 年，这个队的 281 艇和 282 艇奔赴西沙，为保卫祖国神圣的领海权建立了卓越的功勋。1993 年 4 月 5 日，驻香港部队舰艇大队正式成立，全队以崭新的面貌展现在世人面前。

驻港部队航空兵团是以空军航空兵直升机大队为基础组建的。这是一支政治合格、技术过硬、作风优良、纪律严明、有着光荣历史传统的部队。他们长期担负中央领导人的专机和重要的包机任务。周恩来、刘少奇、朱德、邓小平等中央领导人都乘坐过他们的飞机。这支部队多次参加过保卫祖国领空的战斗，在西沙群岛保卫战中尤为出色。同时，还多次完成保障导弹、卫星、军事科研任务的飞行工作和部队重要的演习任务。每当哪里的人民群众受到自然灾害威胁时，这支空中部队就会出现在哪里。他们参加了1975年营口地震的大救援，1976年唐山地震的大救援，内蒙古锡林浩特雪灾、大兴安岭火灾、云南耿马地震等自然灾害的大救援。1994年6月至8月，粤、桂地区遭受特大洪水。他们先后飞赴湛江、化州、清远、肇庆、南宁、柳州等十多个市县，空运空投救灾物资5415吨，运送和救援各类人员232人次，受到了地方政府和人民群众的高度赞扬，被誉为"蓝天雄鹰"。这只"蓝天雄鹰"还参加了援外救灾的任务。两次飞往孟加拉国救灾，受到该国总统表彰，为中华人民共和国赢得了声誉。①

---

① 文新国：《威武文明之师——中国人民解放军驻港部队采访札记》，《党史天地》1997年第1期。

1996 年 1 月 29 日，神秘的驻港部队首次公开亮相，为香港特别行政区筹备委员会委员、香港地区全国人大代表、政协委员、港事顾问进行了军事表演。

根据《基本法》规定，驻港部队将执行三大主要任务：

（一）负责香港特别行政区的防务。香港是祖国的南大门，内有群山列岛为依托，外有万山群岛作屏障，历来为兵家必争之地。十六世纪初，葡萄牙军队入侵中国，首先侵入的是香港。1623 年，荷兰军舰进犯的目标是香港。1840 年，英国对中国发动的鸦片战争，所觊觎的还是香港。同时，香港又是世界第三大金融中心，对于中国发展全球贸易、引进国外先进技术、进行海峡两岸的经济和文化交流，都是重要的通道。所以无论是军事上还是经济上，加强香港特别行政区的防务，都具有重要意义。

（二）协助维持社会治安。香港是一个"自由港"，社情十分复杂。一旦出现骚乱，在警察的力量不足以制止时，应特别行政区政府请求，经中央人民政府批准，我驻军部队将协助维护正常的社会秩序。

（三）协助救助灾害。濒临大海的香港是一个自然灾害频发的地区，台风造成的水灾、风灾、海啸、山崩及泥石流最为严重。一旦发生灾情，经中央人民政府批准，驻港部队将协助特别行政区政府全力抗灾。

部队领导机关对解放军进驻的工作和新闻安排十分重视，在研究部署部队进驻的各个环节时，都把新闻宣传、新闻安排作为一项重要内容，并及时同我们新闻宣传主管部门进行协商。部队根据党中央关于香港回归的有关政策精神，确立了部队进驻新闻宣传的指导思想，要展示出中国人民解放军驻港部队是威武之师和文明之师的形象，充分体现出解放军进驻香港的重要意义，体现出部队在保持香港繁荣稳定中的重要积极作用和贡献，体现出我们部队良好的素质和遵纪守法的形象。

在具体安排上，一方面要确保部队顺利进驻，另外一方面持积极开放的姿态，为媒体的采访提供便利。经过研究，关于媒体的采访大致确定了五个场景：一是驻港部队 6 月 30 日上午在深圳驻地举行的欢送大会及离营仪式；二是解放军驻港部队到达口岸时，深圳群众夹道欢送；三是进入香港后，香港各界人士欢迎部队进港；四是在威尔士亲王军营举行防务交接仪式；五是部队主力部队开进过程。这五种场景确定不同地点安排采访区，对中外媒体开放，只是要做一些人数等的限定。其中部队离营欢送一场，安排了近三百名记者参加采访，中央媒体和军队的记者约一百一十多人，广东和深圳当地的媒体一百多人，港澳记者约五十人，外国记者十多人。而部队开进过程主要是由部队的记者、中央电视台记者采访，同时也安排了香港一些记者进行采访。这就要求采访部队开进的记者要搭乘部队的车辆，安排工作是比较复杂的。

为了确保整个新闻采访的顺利进行，部队在新闻组的支持帮助下开展了大量的工作。解放军总政治部，会同总参、广州军区和驻港部队，研究各个细节，先后派出相关人员赴港考察，一方面了解关于新闻安排的一些场地、后勤保障设施等；另一方面也深入了解、研究香港社会对解放军进驻的有关社情、舆情，制定周密的方案，为部队进驻舆论工作打好基础。对随驻军行进的记者，做了周密安排，也提出要求，一方面要保证他们报道好，同时也要求他们不能影响部队开进，不能影响交通秩序；各场重要活动都有中央电视台参与采访报道，为了保证顺利进行，部队有关方面和央视进行了多次磋商和练习。

负责驻港部队进驻的部队主管部门，根据国内外关于驻港部队进驻的有关舆情，准备了一系列答问材料，内容涉及香港驻军的基本任务，部队的组成元素、装备，驻港部队军官、士兵的选拔，他们的有关生活待遇，在香港期间的管理规定，包括能否带家属进港、能否与香港市民结婚，以及驻港部队和特别行政区的关系等方方面面，以便在不同场合，根据需要，相关负责人可随时回答，及时回应社会的关切。同时还就部队进驻过程中，可能发生的各种意外的突发性事件做好预案，对包括部队车辆、队伍行进中可能出现的交通事故、有敌对势力故意进行破坏捣乱，都进行了周密的准备，以便一旦发生，在处置的同时，组织好信息发布和新闻舆论工作。

央视直播负责人之一孙玉胜曾回忆道：

除政权交接仪式外，部队入港是国内外关注的另外一个焦点，也是中国对香港恢复行使主权的重要标志。一百多年来，在这片土地上手持武器的军人都是外国人，而我们中国自己的装甲运兵车、轻型坦克、上千人的部队将首次越过粤港分界线，和平地通过边防和海关进驻香港。这仿佛就是一个流动的亮点，将吸引无数观众的视线。我们央视将全程直播的只是驻港陆军部队和海军地面部队的入港过程。即使如此，其难度也是前所未有的。

难度之一是地形复杂。由深圳同乐军营到香港威尔士亲王大厦约40公里。按有关方面提供资料，部队行进速度以30公里／小时计算，到达目的地大约要一个半小时。其中新界段多山，而港区则高楼林立，另外还有两座隧道，复杂的地形使移动中的信号很不稳定，传送十分困难。

难度之二是这场直播从一开始就注定是一次性的，在此之前不可能有什么演练，甚至象征性的演练都不可能。唯一可供借鉴的就是北京每年一次的马拉松长跑转播。于是请体育部每年都搞马拉松转播的导演哈国英出山，担任部队入港转播车上的直播导演。但事实证明部队入港并不是马拉松比赛，毕竟马拉松比赛我们已经有了十几年的直播经验，它的路线、时间、有可能发生的变化都在控制之中，而部队入港的直播方案一切都是纸上谈兵，未知的和未定的因素太多了。

难度之三是直播相关事项协调的艰难。部队入港之前，香港是英国人的天下，要征得港英当局的支持。一场直播的筹备有时要"两国三方"协调才能进行。

难度之四是直接影响着直播成败的信息缺乏。为确保直播效果，首先想到了直升机。其作用一方面是可做信号中继，另一方面就是航拍部队行进过程。为此，专门从加拿大订购了专业航拍的设备——陀螺仪。用这种设备航拍的图像既清晰又稳定。央视拥有专用航拍设备就是从那时开始的。此后的几年里，这些设备参与了澳门回归直播、钱江潮直播、两次三峡工程大江截流直播等一系列重大活动。地面上随部队同行的则有一辆转播车和一辆前导车——所谓前导车就是由一辆越野吉普改装成的小型转播车，上面载有可升降的摄像机，因为它过去总是用于直播马拉松比赛，称之为"前导车"。另外还有一辆从八一电影制片厂借来的敞篷红旗轿车，这辆车进入香港时，曾因为邓小平坐过而成为香港媒体关注的亮点。

还是在筹备部队入港直播的早期，按节目设计，需要一位随军记者随时报道部队进程，这将是一项艰巨的任务，这个记者必须有机敏的观察能力和即兴而又准确的表达能力。最终央视确定选择白岩松，事实证明选对了人，在先头部队入港的正式直播中，车过管理线的特写镜头和白岩松的现场报道差不多是那天晚上政权交接仪式直播前最精彩的段落。①

驻港部队如何入港一直是中英双方谈判的焦点问题之一。英方认为：中国驻港部队应在 6 月 30 日 24：00 以后进入香港；而中方则认为，香港的防务不能出现真空，7 月 1 日 0：00 开始，驻港部队必须履行防务职责。24：00 和 0：00，其实只是一个人为的概念，对于时间来说它们就是一个点。但这个时间点事关国家尊严，意义非同寻常。为此，驻港部队必须在 7 月 1 日 0：00 之前在军营就位。

随着香港回归倒计时，新闻组内部进一步加强了工作的规范化管理，在新闻组下设立了秘书综合组、联络协调组、信息资料组等。制定了值班表，从 6 月中旬开始，每天二十四小时有人在办公室值守；制定了工作人员的守则，要求大家遵守有关纪律和规定；对各场活动进行了分工，统筹安排来自不同部门的工作人员定人、定岗、定责，分头抓好落实；新闻组明确了倒计时工作表，逐项落实，每天晚上例会检查落实情况。

6 月 25 日之后，各项工作进入了冲刺阶段。中央前方工作组在徐绍史局长带领下，根据国家领导人和中央代表团最后确定

① 参见孙玉胜：《十年——从改变电视的语态开始》，人民文学出版社2021 年版。

的在港活动时间、地点，不断地踩点、走线，落实领导人和中央代表团活动的最后工作方案，一个细节一个细节地来商讨，解决各种可能出现的问题。

根据分工，新闻组的各位同事分别负责不同场次活动的策划安排，需要分别到各自分管的活动现场查看，与港府统筹处的官员对接，商讨各项活动细化落实的方案。在统筹协调各场活动新闻安排外，我和国新办同事谢应君、秦文等重点负责交接仪式等活动的新闻采访安排。每天晚上新闻组在例会上统筹汇总各项活动的具体安排，对出现的困难、问题和需要协调的事项进行讨论，协调解决。

6月27日上午，曾建徽主任抵达香港，随后李冰副主任也到了前方，这样新闻组的负责人和整个团队会合。当天晚上，曾建徽主任带队到会展一期、二期各个点，包括新闻中心、各主要活动会场考察，港府统筹处的官员、会展中心的总经理等陪同。我们向曾建徽主任汇报了各场活动的新闻安排、宣传工作组织等，随后一起参加了在会展二期七楼会场组织的宣誓就职仪式和庆祝大会演练。

这几天，我几乎每天下午都会与谭罗南华在统筹处见面沟通，介绍最新的进展，协调、协商解决各种新出现的问题，并随时通过电话的方式保持联络和沟通。

6月29日下午，这是一个难忘的下午。4：30许在会展一期六〇一室，也是统筹处负责新闻事务的办公室，我与陈静溪、秦文、谭罗南华、冼锦甜和他们邀请的警方一位负责协调新闻安排的官员，一起进行香港回归庆典活动前最后一次正式的新闻安排磋商。我们把从 6 月 30 日也就是第二天即将开始的各项活动，细细地梳理，每一场活动的场地、时间、记者人数、双方新闻联络官使用的证件，以及警方怎么配合？涉及到双方新闻联络官在哪里见面？警方人员是哪一位负责？媒体什么时间进场？具体使用哪一种证件和活动标贴？进入会场后新闻联络官如果有事要磋商在哪里见面？如果发生了意外事件怎么和警方联络？新闻官员在哪里落座？等等细节。房间里十分安静，只有专注讨论的声音，我们围绕一项项的活动作了细致的商讨。

29 日晚，摘星阁新闻组值班大厅里，新闻组近二十位核心工作人员围坐在会议桌旁召开战前的部署会议。主要议题是明天也就是 6 月 30 日开始的、围绕香港回归的各场活动的新闻安排。

这里是香港回归中方新闻组的指挥部，如果说近两天，在曾主任到达香港后，主要任务是配合曾主任加强对各中央新闻单位的协调，落实关于回归各项庆典活动的报道，包括重大新闻稿件的组织等；而今天我们最主要的工作则是确保明天开始的各场活动在新闻宣传领域的工作顺利进行，我们的新闻媒体记者们能够顺利进入现场，开展采访报道；同时保证整个香港回归活动新闻采访，包括国际媒体采访报道顺利开展。

　　1997年7月1日中午，在会展中心中央人民政府《共庆回归》贺礼展现场，新闻组负责人和骨干人员会集，对已开展的事项和将进行的活动作研商、部署

　　中央人民政府赠送：大型雕塑
《永远盛开的紫荆花》

6 月下旬，在举行香港特别行政区成立暨特区政府宣誓就职仪式演练活动现场

1997 年 6 月 27 日，参加香港特区政府成立暨宣誓就职仪式演练，与田进局长讨论新闻席位安排

　　1997年6月，在香港回归庆典活动的前夕，新闻组的同事们整理中央媒体和工作人员进入重要活动现场的采访证件

新闻广播中心各媒体的区域安排　　　　　　　香港交接仪式相关证件

会议室里的气氛十分热烈，同当天下午在会展一期统筹处办公室与谭罗南华等官员会谈时安静的氛围，形成明显的反差。田进主持会议，然后由我来详细介绍一场一场的活动，目前和英方及港府统筹处协商的情况。工作人员的岗位、港府新闻官员和在现场的警方人员情况、不同采访岗位的记者人数及证件、如何引导到采访点等等。讨论涉及每一项活动的具体细节，看看还有什么疑问、漏洞，对整个活动流程以及与前一场及下一场活动的衔接是否已通畅，并且对可能出现的突发事件进行研判，制定应对的方案。我们还就通讯联络的方式进行了部署。香港回归时期，手机已逐步普及，基本上每个工作人员都配备了香港的手机，同时骨干负责人还有会场专用的步话机。讨论十分热烈，一直到凌晨两点多会议才结束。会议结束后，各组的同志还会分头进行一些安排、部署，一些同志需要把新发下来的重要活动的证件以及标贴穿好挂线、分别粘贴或分配好，明天现场发给中央媒体记者。

14 / 箭在弦上

回归进入最后倒计时

　　30 日下午，这些天来一直热闹喧哗的值班大厅，此刻变得十分安静。大厅里，田进、我、谢应君、赖素鸿、秦文，我们几个人围坐在值班会议桌前。新闻组的其他同志都奔赴各个工作点、工作场所。我们几位按计划，将在晚上 7 时 30 分许直接抵达会展中心，与英方及港府的官员在这里接洽，商谈最新的一些情况，然后直接参与政权交接仪式及各项重大活动的新闻安排活动。赖素鸿负责值班，她是国新办港澳台局办公室秘书，也是最早参与香港回归谈判以及新闻工作的同志，了解情况，对香港回归的各项活动以及各个部门的人员也都比较熟悉，所以今天由她在值班室负责二十四小时连续值班。

　　我们几个时而翻阅一些资料、信息，时而会接听电话，有领导机构和其他部门打来的，介绍一些新的情况，作出的新的部署，我们及时下达。我们新闻组派往各个工作点的同事按照活动时间点提前赶赴现场，与香港方面的新闻官一起安排有关事项，重点是确保中央新闻媒体按时顺利抵达采访区域。坐在那里，在脑海里同时浮现出各位同事都在各个点开始了紧张的工作场面。港澳办张国义等同志在香港机场负责国家领导人抵达活动的新闻工作。外交部的龚建忠参赞和魏欣应该在会展中心了，他们一会儿要参与涉外活动的新闻工作，有英方的有关活动包括告别晚宴，更重要的是负责国家领导人抵达会展中心后的一系列外事外交会见活动新闻安排。这些活动大多是外交部负责安排的，龚建忠他们人头熟，很有经验，十分稳妥。陈静溪带着助手也应该已到了会展中心，他会事先与港府的有关官员接头，对各场活动新闻安排情况做一些检查，同时他又是特区政府宣誓就职仪式活动新闻工作的负责人。陈文俊是国新办派到新华社香港分社工作的，很有独立工作的经验，他带着助手先负责防务交接的新闻安排，将会在添马舰威尔斯亲王军营，见证我驻港部队与即将撤离的英军的防务事务交接，这个过程中的降、升旗仪式和中、英哨兵换岗是新闻点，十分重要且敏感。各位同志都在自己的岗位上忙碌着，为即将到来的各场活动做好准备。

我们一边接听电话，一边打开电视机，转换着各个电视台播出的节目，主要跟进中央电视台正在进行的七十二小时的直播节目。央视尽管上午 10 时已经对举行的我驻港部队在深圳的欢送仪式作了直播，下午 4 时 15 分左右插播了一段末代港督彭定康离开港督府的活动等，但真正围绕香港回归重大活动的直播将是从国家领导人抵达香港开始。

根据安排，1997 年由内地入港出席政权交接仪式的中央代表团和中央观礼团人数共有七百多人。为两大团选择合适的进港路线，是需要认真研究、精心准备的事项。其中，按规定，中央观礼团可以提前入港，时间不固定，他们的路线选择相对简单。可中央代表团确定要求于 6 月 30 日下午入港，时间固定，这样一来就可能会受到安全、天气、交通状况等各种因素影响。

根据安保组的负责人朱育诚回忆：

安保小组事先对中央代表团的入港路线和方式进行了认真详细的考察，一共准备了"三种方案，四条路线"，即陆地乘汽车或火车，空中乘中国民航专机飞启德机场，海上由蛇口码头到维多利亚港中环皇后码头。安保小组首先查阅了 1997 年前十二年的气象资料发现，以往香港在 6 月 30 日这天全部有降雨，并且大部分是暴雨。暴雨之后，部分入港必经路段积水可能达一米深，汽车无法通行；香港又多隧道涵洞，是火车必经之路，在暴雨冲击下，涵洞可能坍塌，火车也无法保证顺利通行；雷雨天气下，飞机更是无法正常飞行。因此，水路有可能成为最有保证的选择，只要没有台风，降雨并不会给行船带来太大影响。如果选择水路，就需要护卫舰。为此，还特地到青岛考察了护卫舰，为当天的水路航行做好充分准备。

临近7月1日，气象部门预测的天气条件比安保小组预想的要好。6月10日上午，经研究并与气象部门沟通后，最终确定了两个入港路径：火车或飞机。下雨若有雷雨区就乘火车，由深圳罗湖到香港九龙红磡车站；若天气情况允许就乘飞机飞香港启德机场。

6月30日下午，中央代表团正式入港。

根据朱育诚的回忆：

时任国家主席江泽民和国务院总理李鹏分乘专机，第一架先起飞，第二架5分钟后起飞。可是究竟哪架飞机先落、怎么落、欢迎队伍怎样同时迎接，却又成了一个问题。因为香港7月1日有两场重大活动，须由国家主席接收国家主权，而组建特区政府又须由国务院总理监督，因此两位国家领导人需要同时到港出席。在此情形下，按照方案，两架飞机只能呈"Y"型停放，一位领导人从左边出舱，另一位领导人从右边出舱，两人同时走下飞机，在"Y"字的结合点汇合，再一前一后走入夹道，这样欢迎队伍就能站在夹道两侧一齐迎接了。①

①　孙志、葛冲：《朱育诚忆述香港回归接收仪式：零时零分零秒升国旗奏国歌》，《大公报》2022年7月2日。

对于机场迎接国家领导人活动，原来并没有作采访新闻安排，只有随团记者做些报道。当我们新闻组了解到中外媒体对这一场活动十分关注后，提出了也作为香港回归的一项重要活动，安排中外媒体采访，安排中央电视台等做直播报道，建议报中央领导同志后组织实施。

于是，现场除了中央媒体随团记者做近距离采访外，在"Y"字的竖线下方位置设置了采访区域，供中外媒体拍摄报道，并安排了中央电视台作直播报道。

接近 5 点时，电视画面主要集中在香港机场。此时天空云团滚滚，下着雨。虽然雨还不小，但并不会影响飞机的抵达，所以国家领导人还是可以乘坐飞机抵达香港。这是最佳的抵达方案，尤其从新闻安排角度是最好的一个方案，比起从陆路、海上都好，媒体采访安排和报道都会比较顺当。

从央视的直播画面中，能看到机场正在进行的各种准备，欢迎的人群走向停机坪，列队准备。媒体的安排井然有序，不时也能看到我的同事和记者们穿着雨披，打着雨伞，在做准备工作，心中感到欣慰。大概下午 5 点多，能够从电视转播画面里隐隐约约听到由远而近的飞机飞行的声音，我们领导人的专机已经在香港机场上空了，正在抵近香港机场，香港回归的活动就将正式开始了！

按照计划，江泽民主席和李鹏总理分别乘坐两架专机到达。

飞机顺利地平稳地落地，然后分别进入了预定停机坪。根据安排形成了一个 Y 型的停机和欢迎队伍排列状态，江主席和李鹏总理专机分别停在 Y 左右上端的顶点，欢迎人群聚合在 Y 的中心，队列向 Y 的竖线下方。飞机停稳，英方和港府的礼宾官，走上专机迎接领导人。江主席走出机舱大门，向欢迎的人群挥手致意，这时候一个一个的历史画面都呈现出来，江主席走出机舱门，踏上红地毯，与前来迎接的人员握手等都将是历史性的重要时刻。钱其琛副总理、董建华先生、前期到达的中央庆祝香港回归筹备委员会的领导们、各部门负责人以及英方和港府的高级官员在这里迎接。香港的青少年们手持鲜花，欢迎江泽民主席、李鹏总理，气氛十分融洽热烈。领导人与欢迎的各界人士握手寒暄。江主席在上车前向记者席采访的记者们挥手致意，车队离开机场奔向下榻宾馆。第一场活动顺利圆满。

其实迎接活动在几个小时前还有不确定性，因为尽管到 6 月下旬，根据气象形势的分析，判断在 6 月 30 日应该不会有雷暴雨，飞机可以降落，所以基本确定了乘飞机抵达香港，但依然准备了从深圳坐火车到达香港的预案。据朱育城回忆，就在 6 月 30 日上午，天一直下着雨，预告说天空中有雷雨云移动，所以是否会影响专机的飞行还不能最后确定。直到下午 1 点多才最后判断，雷雨云不会影响飞行的航线，最终决定采用乘飞机的方案。于是，按照这一方案，中方和英方、港府官员组织欢迎队伍

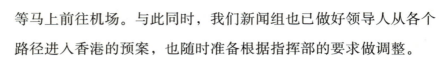

等马上前往机场。与此同时，我们新闻组也已做好领导人从各个路径进入香港的预案，也随时准备根据指挥部的要求做调整。

江泽民主席抵达香港机场的活动顺利结束后，我们几个匆匆吃了一点东西作为晚餐，然后换上了正装，检查一遍应该携带的证件、资料，6 点多一些，一起乘车离开摘星阁指挥部，下山前往会展中心。

车辆沿着盘山路稳稳地行进着。从 6 月中旬我们在摘星阁集中办公，这些天每天都要数次地下山、上山，从这里往返会展中心、新华社香港分社或相关机构和相关场地，早已驾轻就熟。而此时坐在车上别有一番感受，古人说"行百里者半九十"，这是一次出征，又是最后的"决战"，我们长久以来一直为之集中精力、努力工作、艰辛付出的重要任务，终于到了最重要的时间节点了。天上下着雨，时大时小。坐在车上，我思绪飞扬。想着这么多天来所经历过的一件一件事情，同时也想着今晚即将发生的历史性事件，香港，这只闻一多先生笔下"凤阙阶前守夜的黄豹"，终于迎来了"豹变"的时刻。

坐车前往会展中心，每次都要路过添马舰基地，从军营大楼旁边驶过。今天，我们还没到达添马舰时，远远就听到了音乐声，一眼望去，添马舰军营东侧广场高处闪着照明灯光，此刻英方正在举行他们的告别仪式。

事实上，中英双方关于香港政权交接仪式的谈判遇到的第一个问题，就是确定政权交接地点。当时可供选择的交接地点有很多，包括香港岛上的跑马场、政府大球场、市政局大会堂、香港会议展览中心一期和九龙半岛上的红磡体育馆。

1995年8月至1996年5月间，在有关负责同志带领下，相关工作组一行人员对这些地点逐个进行了认真考察。选址主要考虑两方面因素。一是场地要满足各方面需求；二是不要受其他方面干扰，包括气象、交通、安保等因素。从当时条件下考察，首选地点是跑马场和大球场，因为这两处场地面积大、容纳人数多，但四周都是高楼，安全保卫工作量太大，单行线设置也使交通疏导工作困难。红磡体育馆各方面条件都比较理想，但可惜不在香港岛上。市政局大会堂历来是香港总督来港离港的活动场所，紧邻中环皇后码头，英方撤离也方便，但最多只能容纳一千两百人。香港会展中心一期各方面条件不错，但能容纳的人数也有限。

"正在我们犹豫不定、左右为难的时候，传来香港会展中心二期正在填海建造中的消息，据说有较大的展厅。"朱育诚回忆说，于是一行人立即找到建造会展中心的老板郑裕彤先生，向他咨询会展中心二期的建设方案和基建进度。当得知会展中心二期工程可以在1997年5月完工，届时有两个大厅都可以容纳五千人左右时，选址团队多次进入工地现场考察，大家都感到这是最理想的政权交接场地，可以在会展中心二期五楼综合大厅举行中英香港政权交接仪式，在会展中心二期的七楼大厅举行香港特别行政区政府成立暨宣誓就职仪式。

向上级汇报初步确定场地后，关于交接地点剩下的工作就是督促会展中心二期工程尽快完工。会展中心二期房顶乃曲面金属板结构，制作工艺复杂，需由英国设计、马来西亚制造再运输至香港，每一块金属板都由计算器编码拼接，一块板子出了问题都不行。直到 1997 年 6 月中旬，工作组去现场检查时，发现主席台上的天花板还在漏雨。为了不耽误政权交接时使用，又临时改用纤维板涂防漏剂代替顶棚的部分金属板，这才解决了漏雨问题，回归典礼结束后又进行了撤换。

与此同时，英国方面也在进行选址考察。英方通过中英联络小组向中方建议，在中环添马舰填海的地方搭台进行政权交接，但中方没有同意。对此，朱育诚的解释是："因为曾多次征询香港气象部门，得知此前十几年间的 6 月底、7 月初香港多暴雨，1997 年之前的几年甚至有大暴雨。如果在外搭台举行仪式，一下暴雨，台下的人将无处躲雨。"

经反复交涉，英方最终同意在会展中心二期举行政权交接仪式，可他们还是坚持把添马舰作为自己举行告别仪式的地点。

事实证明，1997 年 6 月 30 日傍晚在英方进行告别香港仪式时，风雨交加。我们的车辆行至添马舰军营附近时，听得到会场里传出乐队的演奏声，是风笛和小号的声音，悠扬但很感凄苦，伴随着淅沥沥的雨声，充满着悲凉的感觉。这时候雨又下大了，哗哗地，可以想见在露天广场里举行的仪式，会是一种什么样的场面。这是英方考虑不周或者是他们固执己见的结果。在这么一个大雨不断的夜晚，按照其原先的活动程序，会有音乐演出，有军队操练，有军乐队的行进表演，必然会十分困难。后来听参加了英方告别仪式活动的香港人士说，参加活动的人都打着伞，但也遮挡不住，都淋湿了。主席台上搭了一个临时遮雨棚，雨下大时也挡不住。尤其是在查尔斯王子致辞和高官、政要离开会场时，下起大雨，很多人的衣服全部淋湿了，草草收场。他们在参加后面的交接仪式等活动时，不得不都去换了装。在活动中还有知名人士滑倒摔了跤。

香港以这种方式"送走"了在港进行一百五十六年殖民管治的大英帝国。

车辆驶过添马舰不一会儿，就到了会展中心大门口。下了车后，我们几个径直就向会展二期的方向疾步而行。不一会儿来到了会展一、二期的交界处的安检口。这里是从会展大门进来，进入二期的一个必经通道。现在安保人员把它建成一个安检区域，一个个安检门，分不同的人员入口。我们向记者入口区域走去，在这里与港府的官员、谭罗南华及新闻处的官员们见面、汇合。这些天大家几乎每天在一起商讨，都十分熟悉了，亦感到比较亲切。我和谭罗南华作了交流，从目前来看，各方面事项进展顺利，记者们进入各个场所，采访报道没有出现什么问题，也没有出现投诉，看来一切顺利。我们就交接仪式和其他几场活动又做了一些沟通。交流中，我们不时与正进入会场的熟悉的媒体记者，以及一些嘉宾打着招呼。

对在这里值守的我们新闻组的同事作了交代以后，我和田进局长等一起前往会展中心各个场地。先看了一下交接仪式现场，又到七楼庆祝宣誓就职仪式活动场地，一方面看看里面的各个新闻设施是否安然，记者转场通道是否畅通；另一方面看望已经在这里做各种直播和拍摄等报道准备的中央媒体记者们，询问了解准备工作情况。

然后我们来到了招待酒会的现场，这时英方正在举行告别酒会，会场里表现出老牌西方国家的特色，用一些特殊的装饰、奇异的色彩、幽暗的灯光等营造一种特殊的氛围。英方的官员，香港的一些人员，以及前来香港参加政权交接仪式的一些西方国家官员出席了告别酒会。钱其琛副总理代表中国政府参加。英方的外交大臣库克致祝酒辞，随后钱其琛副总理致答词，讲话都十分简单，主要内容是祝两国领导人和各位嘉宾健康愉快。

我们和在这里负责新闻安排的新闻组同志见面、交流。这时龚建忠参赞来电话，报告晚上7点三刻许，江泽民主席、李鹏总理分别会见了布莱尔首相，进行得十分顺利。各项涉外活动的新闻安排、采访报道都在按计划进行。我们感到十分欣慰，然后我和田进离开酒会现场，赶回五楼交接仪式大厅，对活动前有关新闻安排作最后的检视，确保这场活动新闻报道能够顺利进行。

15 / 开天辟地

庄严神圣的政权交接

6月30日午夜临近，此刻，香港政权交接仪式大会堂，灯火通明，嘉宾席、媒体席等都已落座完毕。我们首先来到了会场后区高处的媒体席，在这里可以了解中央各个媒体的安排情况和国际媒体的准备情况，同时也能俯瞰全场。

举办交接仪式会场，主席台在北边，我们从高处往北看去，主席台后落地玻璃窗的外面就是香港维多利亚海湾。台下的嘉宾席在南边，嘉宾们坐南朝北。主席台的左边也是整个西侧区域是中方嘉宾，右边是英方嘉宾。此时整个会场气氛十分庄严。

在媒体区的新闻记者们都已进入紧张的工作状态。中央人民广播电台和中国国际广播电台转播室准备就绪，工作人员说一切进展顺利。我们看到十四个电视摄像席位站得满满的，中国新影厂摄像席位也在其中。摄影席中来自世界各国重要媒体的顶尖摄影师们都端着长枪短炮，时而拍摄，时而调试。往下面一些的文字记者席，四百位记者们都在忙碌着，有的已在发着稿，有的拿着自用的小相机拍摄。从上往下，我们数点着会场中中英双方各十一个摄像机位。中央电视台的十一个摄像机位有的与英方并排放着、一中一英，有的是对称摆放、左右各一台，有的是在两侧、前后摆放。为了这双方各十一台摄像机位，半年来的谈判磋商常常都与这一议题相关。从谈判确定双方同等机会在会场内做直播，到确定摄像机位数、摆放的位置，以后商讨机位的高低、大小，既要保证现场拍摄效果，又要尽可能减少对会场内嘉宾视线的影响。看起来是技术问题，又往往要拿到谈判桌上来，而且有时需要几个部门，包括礼宾、安保部门一起参与，成为新闻安排谈判中的一个主要角色。

这时可以看到中央电视台的记者和代表英方拍摄的香港摄像团队都穿着各自的工作制服，既像礼宾又像战士，显得十分庄重，有一种战前的感觉。

不一会儿，或许是英方的告别酒会结束了，主席台上的嘉宾和坐在台下前区的外国政要、使节等陆续进入会场，坐到了各自座位上。前方区域和主席台的嘉宾座位也都坐满了，仪式马上就要开始。

23：40许，军乐团开始奏乐，中英两国的仪仗队入场。随后，江泽民主席、李鹏总理、张万年（军委）副主席、钱其琛副总理和候任行政长官董建华，与英方的查尔斯王子、布莱尔首相、库克外交大臣和即将结束使命的彭定康及国防参谋长格思里，进入会场分别在主席台两侧领导人席位上入座。按照议程，先由查尔斯王子致辞。

关于整个交接仪式的程序，我们已经了然于胸，此前无数次开会研究仪式的安排，做修改，这几天也参加了若干次的演练、彩排。但此刻是特殊的，练兵千日用在一时，一件重大的事件正在发生中。

接着就是降、升旗仪式。

国旗、国歌是一个国家主权的象征，如何设计安排，则是小细节里的大政治。

根据张浚生回忆，当时，在观看准备工作的汇报录像时，时任中共中央办公厅主任的曾庆红发现了一个问题：预备的国旗和香港特区的区旗一样大。在交接仪式上，英国国旗和中国国旗一样大，这是没有问题的；但是特区的区旗和国旗一样大，这可不行。于是赶紧调换。但是，这些旗帜都是有固定规格的。原来准备的都是一号旗，于是就拿来一面二号旗，可二号旗又太显小，与国旗放在一起视觉效果不理想。后来定制了特殊规格的特区区旗，比一号旗略小，比二号旗略大。

还有一个细节，如果仔细看交接仪式的电视转播就会发现，在交接之前，会场一边的两根旗杆上，一面英国国旗和一面港英政府的旗帜，都是下垂着的；在交接之后，会场另外一边，当我们的国旗和特区政府的区旗升上去后，却是飘扬的，这是为什么呢？交接仪式是在室内举行的，没有风，事先我们已经考虑到这个问题，就在旗杆上安装了一个带马达的小风扇，所以旗帜升上去以后能够"飘"起来了。这也是在会场内发现问题后，想办法解决的。

在英方军乐团的演奏下，英国的国旗徐徐降落了。按照安排，降落的瞬间是中国国旗的升起，因为谈判中这是一个关键点。根据最后达成的协议，英方在零点前两秒要把英国国旗降下，而从零点零秒，伴随着国歌，中国的国旗将升起。但此时在英方旗帜降落后，我们并没有马上升旗。据事后了解，英方出现了差错，开始是查尔斯王子讲话比预定时间超了二十三秒，在我方工作人员及相关人员的努力下，抓紧后面的环节把时间赶了回来，而在这个时候，英方的降旗手，不断出现问题，英国国旗提前落了下来。稍后，0点0分，正点，伴随着军乐团演奏的雄壮的国歌声，五星红旗气势昂扬地升起，全场注目。我们每一个在现场的人，顿时不禁热泪盈眶，我想每个在现场或在电视屏幕前注视着此时此景的中国人，都会有同样的激动，同样的感受。国旗升到了旗杆顶端后，会场主席台的中方一侧和嘉宾席中响起了热烈的掌声。这是仪式议程安排中没有的，因为会场中毕竟有英方的政要、英方的代表团和人员，还有一些与英方及港英政府关系比较密切的人。但是会场中大多数是中国人，包括香港爱国的各界人士都情不自禁地表达出自己发自内心的感情。"天漏终能补，国魂势可张。百年颠沛里，世事几沧桑。"（语出新华社香港分社原副社长周南：《永香草》）

接着是江泽民主席致辞。江主席说，中华人民共和国国旗和中华人民共和国香港特别行政区区旗已在香港庄严升起，这是中华民族的盛事，也是世界和平与正义事业的胜利，全场响起热烈的掌声。在讲话的最后，江主席说，"我相信，有全国人民做坚强后盾，香港特别行政区政府和香港同胞一定能够管理好，建设好香港，保持香港长期繁荣稳定，创造香港更加美好的未来"。会场内再次爆发出热烈的掌声。这一掌声是在会场内全体中国人包括爱国的香港同胞们发自内心的。香港回到了祖国怀抱，香港的历史翻开了新的一页。

香港政权交接仪式结束了。这时各个新闻单位很快向我们反馈了各种信息：中央电视台直播顺利进行，信号顺利传回国内，发往了世界，被很多国际媒体采用；中央人民广播电台、中国国际广播电台直播报道顺利；新华社、中新社的文字和图片报道按计划顺利发送；中国日报等都顺利地进行了报道，中央媒体顺利地完成了自己的报道任务！

时任新华社副总编辑徐学江此后回忆：

6月中旬至7月10日，新华社对内共发稿2200多条，150万字；对外共发稿3600多条（包括6种外文文字），300多万字；图片稿1100多底。据对6月29日至7月1日三天报道高峰期统计，对内发稿127条，12.7万字；对外发稿766条，55.5万字；国际对内中文稿68条，4.4万字，播发照片210底。这样的发稿量超过国内外任何一家媒体，也创新华社历次大型报道的最高纪录。

这次香港回归报道是名副其实的世界传媒界的"奥运之战""世纪采访战"。这种竞争的一个重要方面表现在对重大活动发稿时效的竞争上。谁赢得了时效，谁就在争夺舆论影响力方面占了上风。新华社是我国内地新闻单位中参与国际竞争的主力。在强手如云的形势下，由于记者编辑们在战略上敢于拼搏，在战术上作出周密细致的部署，新华社在时效竞争上从总体上看处于主动地位。这再次证明，在重大事件报道上，新华社具有同西方大通讯社一比高低的实力。据对6月30日和7月1日重大活动集中的两天统计，与外电可比的42篇报道中，新华社比法新社、路透社等外国通讯社都快的有35条，占83.6%。政权交接仪式是竞争最激烈的一场，新华社对外英文实行滚动发稿，32分钟的活动发了18条稿，其中仪式开始的快讯比所有通讯社都快，英国国旗降下的快讯，与法新社同步，比路透社快2分钟。至于北京的四场重大庆祝活动，由于新华社占尽优势，在时效上更是处于领先。图片发稿时效也有长足进步。我领导人抵港下飞机的照片用数码相机拍下，从汽车上用手机发出，总共只有 20 多分钟。政权交接仪式照片在仪式结束 21 分钟后就发到了用户。对内发稿也注意了时效。综合稿《百年梦圆普天同庆万众欢呼香港回归》写的是 7 月 1 日零时前后全国各地欢庆香港回归的盛况，由于事先周密部署，结果原计划凌晨 3 点左右右播发的稿件，在 1 时 50 分就发出去了，24 家省级以上报纸显著刊登。①

中央电视台直播节目负责人孙玉胜二十五年后回忆说：

万事开头难。在香港回归之前，央视建台将近四十年，严格说来还没有过真正意义上的直播报道。过去只有仪式类或竞赛类的实况转播或直播，而很少有集演播室主持人和现场记者为一体的直播报道。这次一直播就是 72 小时，面对的事件又是如此重大，压力可想而知。

那天晚上，我在位于现场百米之外的央视香港新闻中心

---

① 徐学江：《充分发挥通讯社的功能和优势——回顾新华社的香港回归报道》，《中国记者》1997 年第 8 期。

　　1997 年 6 月 30 日 23 时 42 分至 7 月 1 日零时 15 分，香港政权交接仪式在香港会议展览中心新翼五楼大会堂举行

香港交接仪式请柬

香港交接仪式程序表

的演播室里盯着节目播出。仪式开始后我一直比较着我们送过来的信号和英国 BBC 的直播信号。由于是同一时刻，甚至是同一机位在并肩作战，所以二者更有可比性。整个仪式下来，虽然在色彩、节奏和镜头组合上不能不承认与 BBC 相比还略逊一筹，但我们的直播也相当成功，降旗和升旗过程的处理没有任何失误，也不存在什么遗憾。[①]

当然，从香港回归庆典四场主要活动来说，这只是首场，之后还有一系列活动准备开启，马上就要在七楼会场举行特区政府成立暨宣誓就职仪式，我和田进等按照事先的路线，很快来到了七楼的会场。

[①] 孙玉胜：《十年——从改变电视的语态开始》，人民文学出版社 2021 年版。

16 **隆重热烈**

见证特区政府宣誓就职仪式

　　来到七楼会场，这里则是热闹、敞亮的气氛。数千港澳台同胞、来自三十多个国家的侨胞以及中国和受邀各国政要济济一堂。乐莫乐于此时此地！

　　特区政府宣誓就职仪式是我方单独主办的第一场仪式，同样至关重要。从会场的布置看，主席台和嘉宾席显得热烈庄重，有我们国内活动布置的特点。而在四面的墙上和屋顶、礼堂上方，有一些香港特色的装饰，呈现出雅致的气息。大屏幕上播放着事前准备好的纪录片，同时也不时回放着交接仪式的一些重要画面。提前到达的大多数是香港各界的爱国人士、各界代表。他们中的不少人没有能进入交接仪式现场观看，他们在楼上通过大屏幕收看了政权交接仪式的活动，此时正与参加交接仪式转场过来的嘉宾们打招呼，大家互相问候，畅谈交流。

在第一场政权交接仪式到第二场宣誓就职仪式的转场中，还发生了几段小插曲。

据陈佐洱回忆，姬鹏飞同志 29 日在深圳的时候就发高烧，但他一定要坚持带病来香港参加这场盛典。

> 刚才在政权交接会场，奏国歌的时候，曾庆红同志见身边的姬老有点站不稳，就和卓琳同志临时交换了位置，及时用力扶住了他，以免摔倒。姬老因身体不支，坚持至政府交接仪式结束后必须立即休息和就医。但按既定的安保方案，所有继续参加第二场特区成立暨特区政府宣誓就职仪式的人员都不得离开会展中心，主席台贵宾也不例外。这可使中央代表团下榻的君悦酒店接待组组长、香港新华社妇女与青年部王志民副部长为难了。情急之下，王志民拨通了仪式安保负责人的电话，友好、耐心地说明情况，终于得到了刚刚诞生的特区警方配合。当姬老被送回君悦酒店时，医生护士已在布置成病房的酒店房间迎候，立即展开治疗。王志民当机立断的一系列措施奏效，他与特区方面打的交道，应是政权交接仪式后中央政府与特区政府有关机构应急协调、成功合作的第一例。①

---

① 陈佐洱：《交接香港：亲历中英谈判最后 1208 天》，湖南文艺出版社 2012 年版。

"在转场的时候，我们突然接到一个电话，称会展中心七楼有定时炸弹。"朱育诚是当晚交接现场的副总指挥，负责安保和后勤工作。接到电话后，朱育诚并不惊慌，他首先向大家解释道，"会场我们已经检查多遍了，而且我们新华社员工在活动前三天，日夜守候在会展中心的五楼和七楼。这个电话肯定是恐吓电话！"朱育诚随后又安抚大家情绪，"这个时候要相信自己！我们日日夜夜做的工作就是为了这一天、这一时刻，一定要相信自己！"① 后来事实证明，这是一个虚假捣乱的电话。

这场仪式的新闻安排虽说是以我们为主，但因为这一段时间以来，与港府统筹处的官员大家交往、合作，相互之间建立了较好的信任关系，我们能感受到港府新闻处的大多数官员都是爱国的，至少工作是认真尽职的。董建华先生亦已授权这一团队承担由特区政府负责组织的活动，所以我们的活动也以统筹处为主具体实施，这样也便于各场活动的衔接。应该说新闻安排也已就绪，我们与在这里负责新闻安排的陈静溪等一起接洽交流，了解情况，看来一切进展顺利。

1 点 30 分，香港特区行政特区成立暨特区政府宣誓就职仪式开始。首先，江泽民主席宣布，香港特别行政区政府正式成立

---

① 孙志、葛冲：《朱育诚忆述香港回归接收仪式：零时零分零秒升国旗奏国歌》，《大公报》2022 年 7 月 2 日。

了！全场响起雷鸣般的掌声。特区政府宣誓就职仪式开始：

第一项，在李鹏总理的监誓下，香港特别行政区行政长官董建华宣誓就职，从现场拍摄呈现在大屏幕的画面中，可以看到董建华宣誓是十分庄严神圣的。他眼中含着泪水，可以看出他感受到肩负的重任。接着在李鹏总理的监誓下，香港特别行政区政府二十三名主要官员宣誓就职。在董建华行政长官的监誓下，香港特别行政区行政会议成员、香港特别行政区临时立法会议员、香港特别行政区终审法院常设法官和高等法院法官分别宣誓就职。宣誓领誓的是行政会议召集人钟士元老先生，他已八十岁高龄，一生充满传奇色彩，曾领导一家世界最大的电筒厂；先后担任港英政府立法局、行政局首席议员；香港前途问题提出后，他穿梭于伦敦、北京之间，获聘中国政府的港事顾问，担任香港特区筹委会预委会、筹委会委员；香港回归后，出任香港特区行政会议召集人，是首批大紫荆勋章获得者之一。

作为土生土长的香港人、老企业家，钟士元基本不会说普通话。据他介绍，他在接到要在仪式上领誓的安排后，一个时期不断地听着录音带和在同事的帮助下，反复苦练学习用普通话讲宣誓词，在仪式演练和彩排时，他领誓时因为语言不标准，经常会引得大家的大笑。

"6月29日，为了特区宣誓就职仪式，我们在会展中心彩排，当我引领行政会议成员上台，以不灵光的普通话向董建华宣誓时，引来全场大笑，董特首等人甚至笑到流泪。"钟老回忆说："在录音带和同僚的帮助下，我用普通话苦练宣誓词。七月一日凌晨终于过关。可惜的是，香港回归十年了，我的普通话没有进步，能听但讲不好。"

终审法院常设法官和高等法院法官身着特别的法官服装，头戴法官特有的发套宣誓，因为其中有不少是外籍人士，确实不会普通话，为了保证每个人都真正读出誓词，所以在用中文宣誓后，又用英文做了一遍宣誓。

第二项，李鹏总理致辞，代表中央政府祝贺特别行政区成立，也对香港各界和国际社会支持香港回归事业的各界人士、各方代表表示衷心感谢。

第三项，董建华致辞，他表达了自己将恪尽职守，秉公执法，廉洁奉公，努力履职尽责，为把香港建设得更加美好而奉献力量。他讲到未来香港将会建设得更好，因为现在完全掌握在我们中国人自己手里了，引发了全场的掌声。

主持人钱其琛副总理宣布特区政府成立及政府官员宣誓就职仪式圆满完成，全场再次响起热烈掌声。

这场活动的报道也十分顺利、圆满，活动结束后，各新闻单位很快反馈了报道情况，包括电视、广播的直播，中央各媒体的图片、文字新闻报道等，传遍了国内外，也大量地被世界各媒体转发、转播及采用。

　　1997年7月1日凌晨，香港交接仪式结束后，与国新办同事谢应君在交接仪式会场合影

　　1997年7月1日，参加香港交接仪式新闻工作间隙，与港府新闻处官员助理处长麦国华（右三）交流合影

1997 年 7 月 1 日凌晨（1：30—2：15）举行的香港特别行政区成立暨特区政府宣誓就职仪式现场，从记者席拍摄会场

香港特区政府成立暨宣誓就职仪式请柬

宣誓就职仪式活动结束后，我们几个工作人员来到会展中心旁的君悦酒店休息。为了保证一早能参加庆祝大会的有关工作，在君悦酒店为各工作组的工作人员安排了休息间。我来到房间，洗漱一下，躺下时已是凌晨 4 点。按计划，早晨 8 点前，我们一定要赶到会展二期庆祝大会会场，组织参加庆祝大会的新闻工作，本想能快快地睡一会儿，但此时反而兴奋起来，连日来神经高度紧张，使大脑有了应激亢奋，一时间各场活动的场景，一幕一幕地在脑海翻阅。辗转难眠的我，除了"激情澎湃"的喜悦，留在心底的更多的是"不辱使命"的自豪感。

17 普天同庆

融入回归庆典的海洋

躺了几个小时，天一亮我赶紧起床，匆匆吃了点面包，便再赶回会展中心二期七楼的会场。此时，凌晨刚刚举办过特区政府成立大会暨宣誓就职的会场，已改造转化为香港特别行政区成立庆典的会场。

在这里新闻安排应该是熟门熟路，各种新闻设施基本都原样保留。会场内设备、记者席安排基本同上一场活动，进出通道、安检处、记者证的查验等也都井井有条，十分顺畅。相对，参会人员也没那么拥挤了。

上午10时，活动准时开始，在由香港警察乐队演奏中华人民共和国国歌后，江泽民主席发表讲话，江主席在讲话中指出，香港回归祖国是彪炳中华民族史册的千秋功业，香港同胞从此成为香港的真正主人，香港历史从此揭开了崭新的篇章。江主席在讲话中回顾了香港的历史发展，指出香港回归祖国后，作为特别行政区享有基本法赋予的高度自治权，阐述了中央对香港的方针政策，对香港未来的发展提出了希望。他表示香港同胞有着光荣的爱国主义传统，无论是在争取民族解放的斗争中，还是在实现祖国现代化的进程中，香港同胞都作出了重要贡献。香港同胞一定会进一步激发爱国爱港的热忱，把保持香港的长期繁荣稳定，维护国家和民族的根本利益作为自己最大的光荣。

然后是特别行政区行政长官董建华致辞。他在赞扬"一国两制"的伟大构想和实践之后，表达了对邓小平先生的深深怀念。这时，他隆重地介绍了在台下就座的卓琳同志，全场响起了热烈的掌声，向卓琳同志表示敬意。

董建华致辞后，是土地基金移交仪式，由钱其琛副总理代表中央政府向特区行政长官董建华移交土地基金的证书。香港特别行政区政府土地基金成立于 1986 年 8 月 13 日，是香港过渡时期，由中央人民政府授权的受托人为特区政府管理的一项基金，从 1986 年到 1997 年的十一年间，土地基金总资产净值已超过一千七百亿港元，其中盈利增值超过四百亿港元，土地基金达到安全、保值和增值的预期目标，是中央人民政府在香港过渡时期为特区政府和香港市民办的一件大好事。

下一个仪式是宣读中央政府和三十一个省区市向特区赠送礼

品的礼单，宣读的同时在主席台两侧的大屏幕上播出了礼品的视频画面，应该说各个省区市的礼品都是精心制作，很有特色：北京赠送的礼品是一对制作十分精美、图案喜庆的景泰蓝花瓶《普天同庆》，天津市赠送的是图景为黄崖关壮美长城的栽绒壁毯《天津黄崖关》，吉林赠送的是由众多根雕托出松花砚台的《松花紫荆情系根》，安徽赠送的是展现黄山迎客松的铁画《霞蔚千秋》，福建赠送的是漆画屏风《闽港情》，新疆赠送的是手工毛织壁毯《天山欢歌》，图案生动呈现了各族人民欢歌载舞的场景。这些礼品从图案的设计、材料的选用、完美的制作到名称的确定，寓意深刻，十分精美，堪称是那个时期各地工艺美术制作的顶级精品，充分体现了三十一个省区市各自的特色优势，同时也凝聚了各地区人们对香港回归的庆祝和深情厚谊。

上午 11 时许，由香港著名的艺术家和演出团体为主，邀请一些内地优秀演员共同演出了文艺节目，有交响乐，有舞蹈，有大合唱，展示了海内外华人共同庆祝香港回归的喜悦心情。演出结束后，董建华陪同江泽民主席、钱其琛副总理走上舞台，与演员们握手，青少年将江主席亲手题写的"香港明天更好"书法卷轴本捧出并展开，全场响起热烈掌声。庆典在喜庆气氛中结束。

7 月 1 日是庆典活动的高峰，一天各种活动不断。在特区政府庆典活动后，在会展中心外东北侧广场，举行了中央政府赠送礼品的揭幕仪式；下午 3 点举行外交部驻港特派员公署的开署仪式；4 点举行香港特别行政区政府庆祝招待酒会。上午和中午还有两场十分重要的活动：一场是李鹏总理一行上午 9 点乘专机离开香港返回北京，李鹏总理将回北京参加下午在北京人民大会堂以国务院名义举行的庆祝香港回归招待会；中午 1 点江泽民主席将离开香港返回北京，江主席还将参加 7 月 1 日晚上在北京工人体育场隆重举行的首都各界庆祝香港回归祖国大会。

还有晚上在香港红勘体育馆举行的香港各界组织的"万众同欢庆回归"文艺晚会，活动结束以后，又将在会展中心及维多利亚湾举办"万丈光芒庆回归"游船和烟花晚会，这些活动都十分重要，都会有不少媒体采访，要做新闻采访的安排。新闻组事先都已做了部署，每场活动都报道充分、有条不紊地顺利进行。

晚上 9 时许，在会展中心三楼平台，烟火晚会正在进行，我和新闻组的一些同事这时候才能比较放松地坐在平台上，一起观看游船、烟火，一起漫谈。此时深深感受到香港已经完成了历史性的转变，回归了，我们参与一年来十分紧张的工作基本圆满完成了。

此时，新闻组的同事也介绍了从昨晚到今天早上驻港部队进驻的情况。6 月 30 日晚上 9 时许，驻港部队先遣部队，从皇岗口岸出境，经落马洲进入香港，在晚上 11 时许到达添马舰威尔士亲王基地，与在这里即将撤离的英军部队进行了交接，在零点举行了升旗仪式和交接仪式。7 月 1 日清晨，驻港部队大部队在

6时许分别从陆路、海上和空中，同时进驻香港。尤其是从陆路开进的摩托化部队驶入香港境内时，突然下起了大雨，三四个小时下个不停。部队的官兵们大多都站立在敞篷卡车上，没有穿雨衣，纹丝不动任凭大雨扑面，充分体现了军容严整，军纪严明，体现了威武之师和文明之师的形象。驻港部队的开进，无论在口岸、码头还是军营的交接仪式，都有大量的媒体采访，都做了相关安排，记者们尽心尽力努力完成报道任务，总体顺利。有些活动做了现场电视直播，留下了一幅幅精彩的历史瞬间和一幕幕难忘的历史影像。但因为7月1日早上的大雨，给央视经过长时间精心准备的航拍带来了很大的挑战，最终不得不遗憾放弃了。孙玉胜后来回忆这段往事，写道：

7月1日的早晨。清晨的深南大道上人山人海，各界群众要在这里夹道欢送驻港部队进驻香港，天上浓云密布时而夹有小雨，地上欢声笑语热气腾腾。尤其是我们设的第一个报道点——深圳大剧院广场上更是锣鼓喧天。早上五点多，信号已经传到香港演播室，看到这架势我真担心人多、背景声音杂乱而影响记者报道的效果。当时之所以选择这里作为第一个报道点，是因为那幅著名的小平画像就立在广场的西北侧，非常有历史感。5时45分，直播信号切换到了白岩松，第一报道点的报道任务顺利完成。白岩松要马上转移到几公里以外的文锦渡口岸，在那里乘上那辆敞篷红旗车，以目击的方式报道主力部队过关情况。

1997 年 7 月 1 日中午，中央人民政府暨各省、自治区、直辖市赠送礼品展现场

　　1997 年 7 月 1 日下午，参加香港特别行政区酒会，与国新办副主任李冰（右三）、田进（右四）、赖素鸿（右五）、秦文（右六）和国新办派驻新华社香港分社工作的白净（右一）一起合影

早晨 6 时，驻港部队的海陆空三军按命令正式开始进驻香港。直播中我们看到海军从深圳妈湾港出发，陆军也离开营房，但空军的直升机却没有按时起飞，因为当时香港正是雷雨交加，不具备飞行条件。驻港部队的直升机在机场待命，但我们的直升机如果同样待命，观众就看不到航拍的部队行进的画面了。更重要的是，如果直升机不起飞，其他直播电视信号将失去中继，这就意味着整个驻港部队入港的直播都将泡汤。这时，香港演播室里格外紧张。嘈杂中，丁文华抱着对讲机用恳求的口气请求航管部门允许央视的直升机起飞作业。也许是丁文华的话语感动了有关部门，央视的直升机迅速升空并将画面送回了演播室。于是，观众看到了就像一条长龙缓缓通过文锦渡海关的驻港部队，看到了深南大道上浩大而热烈的群众场面。

但这是一次冒险的飞行。机长柳军健和陈奎元都是大校军衔，有二十多年的驾龄，当时中央电视台有三个人在飞机上，他们是导演何绍伟、航拍陀螺仪操作手王军和负责微波传送的林辉。他们后来回忆说，直升机沿深南大道飞行几分钟之后就进入了聚卷云区，闪电也近在咫尺，他们试图在云隙间穿行，但眼见缝隙很快就连为一体，他们被淹没其中。地面不断报告他们的左前方和右前方都有雷区。直升机好不容易飞到香港粉岭上空，雷雨越来越大，不得不调头返航。

直升机返回地面后，白岩松敞篷车上的信号就失去了中继，所以部队过文锦渡海关后再也没有看到白岩松，更没有见到他所随行的部队的行进过程。直到他到达威尔士军营，与正在那里直播的翟树杰会合才出现在屏幕上。

从孙玉胜的回忆中，不难看到央视和我们中央媒体的编导、记者们都怀着一种崇高的责任心和技术要求，尽最大努力甚至是以一种献身精神，在完成关于香港回归的报道任务。

经过一天的紧张忙碌，晚上新闻工作组一行回到了山上的摘星阁新闻组总部。此时，我竟然有些时空错置的恍惚：我们离开这里多长时间了？今天是几号了？还是 7 月 1 日吗？7 月 1 日我们经历了多少事！香港政权交接仪式发生在 7 月 1 日的零点；接着是宣誓就职仪式；上午的庆祝大会，接着是一系列的一场又一场的活动。或许因为凌晨的小憩只是一个暂停，所以这样的一天就会显得格外的漫长。

这是难忘的一天，永远难忘的一天。

四场活动结束后，我们的主要工作已经基本完成。

7 月 2 日上午，还有一些活动。上午 10 时，钱其琛副总理参加在会展中心一期二楼演讲厅举行的香港大紫荆勋章颁授典礼。这些勋章是以香港特别行政区名义颁授给长期以来为香港的经济社会发展作出卓越贡献的十二名香港企业家和各界的知名人士。

接着钱其琛副总理参加了港事顾问任期结束仪式。这些顾问来自香港各界爱国人士，这些年来对于中央政府处理有关香港事务献计献策，作出了积极贡献。

下午3时钱其琛副总理和中央代表团的有关成员，乘专机离开启德机场返回北京。以钱其琛副总理离港回京作为一个重要节点，香港回归庆祝活动正式圆满结束了。

一系列重大活动结束后，一方面是特别地轻松感，另一方面又需要抓紧协调联络，进行活动的收尾和善后工作。首先，抓紧协调中央采访团，了解后续报道情况，各新闻单位人员撤离安排，以及其他相关工作。其次，完成好中央前方工作组的任务，包括其中涉及新闻组的相关收尾工作。同时与各相关部门，包括港府统筹处、会展中心以及新华社香港分社等商讨后续事项，表达感谢等。新闻组内部更有一系列事情亟待处理，要抓紧清理文件、设备，开展总结等等。

从中央新闻单位报来的情况看，返程安排分三类：新华社、人民日报等，主要领导带领主要队伍于翌日也就是3日将返回北京，其他分批次陆续返回。中央外宣媒体中新社、中国日报、中国国际广播电台等则安排一些专业骨干人员多待一段时间，采访香港回归后的运转情况和社会面的反应，同时会留下一些人员，作为在香港常驻人员。中央电视台来港人员比较多，设施设备也比较复杂，他们在香港会待的时间长一些，分几批陆续返回。新闻组对各新闻单位做好总结工作等提出了意见要求，同时也表达了对他们的祝贺、肯定。

2 日下午，中央前方工作组也就是筹委会办公室召开会议，做总结部署。会议祝贺香港回归各项活动圆满结束，感谢各单位作出的努力和对筹委会办公室工作的支持。李树文副秘书长传达了国务委员兼国务院秘书长罗干同志电话内容，向相关单位和同志们表示问候和感谢，提出要认真做好总结，答谢好各方面。在会议上，筹委会办公室、活动联络组、安保组、新闻组，以及礼宾组等参会的领导都对回归工作给予充分肯定，对其他组给予的支持表示感谢。田进局长代表新闻组和曾建徽主任向筹委会办公室和各组同志表示感谢，他介绍了整个香港回归庆典报道工作的成果，六百多人的记者队伍没有出现问题，顺利完成了各项报道任务，收到了很好的效果。新华社香港分社的领导表示，在这一次香港回归庆祝的活动中，各个部门的同志们互相配合、协调努力，体现了很好的工作作风。有许多同志默默无闻地工作，虽然没有参加政权交接仪式和各场重大活动，但是在各自的岗位上作出了重要的贡献，特别值得赞扬。他说新华社香港分社有很多这样的同志。李树文副秘书长代表筹委会办公室对回归工作给予充分的、高度的评价，对大家表示衷心感谢！同时对未来几天工作作出部署，要求把文件归档整理，注意保密。做好设备梳理、账目清理等工作，并确定中央前方工作组暨筹委会办公室于 4 日晚上离港。

7月3日是既轻松又忙碌的一天。心中没有了前段时间每天各种工作的压力，但收尾、清理、总结工作亦是十分紧张的。我们抓紧与一个个单位联络，了解情况，约定最后几天的安排。同时向一些单位表达感谢，与一些伙伴告别工作也已开始，我和田进等奔忙在各个单位之间。

晚上6时，在华润大厦五十层，新华社香港分社举办庆功晚宴，招待参加香港回归筹委会工作的各小组相关人员，以及各部门相关人员。晚宴按组安排座位，我的身份比较特殊，既是新闻组成员，也是前方工作组的联络员，所以也在前方工作组安排了座位。我时常在新闻组和前方组之间穿梭，跟大家一起交流、祝酒。前方工作组这一桌大多集中了中办、国办、外交部、港澳办的相关同事，大家十分兴奋，也十分热烈。国办的同事挑头组织了一个活动，为每一位同志祝贺，叫到他的名字时，其他人齐声连续呼喊几遍，然后大家一起敬酒。叫到我的时候，整个大厅里就传来了连续的"郭卫民、郭卫民、郭卫民……"呼叫声，气氛热烈，我一时间也是热血沸腾，十分感动。

庆功酒会结束后，新闻组的全体人员回到山上摘星阁，再次围坐在值班大厅的办公桌前，召开了回归庆典活动总结会。大家畅所欲言，每个人都发表了很多感受、想法，会议一直开到了零点多。会议结束后，不少人意犹未尽，当天正好是陈静溪的生日，第二天外交部龚建忠参赞和魏欣又要返回北京，有人提议大

221

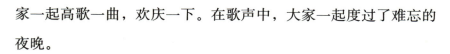
家一起高歌一曲，欢庆一下。在歌声中，大家一起度过了难忘的夜晚。

新闻组的同志分期分批返回北京，每天都有不同单位的同志告别，安排送行，离港回京。我和田进、赖素鸿等涉及的工作比较多，整个小组的相关事宜，以及与各新闻单位的协调联络，并且还要与新华社香港分社宣传部商讨下一阶段工作，又要与特区政府（港府）新闻处的同事们见面等，所以多待了几天。

7月8日，我们一行乘飞机离开香港回北京。如果说1996年12月，我们乘机来港开始了香港回归的谈判以及新闻工作，半年多了，我们顺利地完成了工作任务。半载辛勤业，雄文铸九章。应该说，我们是有幸的，我们也是不辱使命的。

18/ 不辱使命

回归活动结束后的思考

香港政权交接仪式和庆典活动圆满结束了。中国政府对香港恢复行使主权，全国关注，世界瞩目。香港回归的各项庆典和在北京等地举行的庆祝活动，通过媒体的充分报道，营造出热烈气氛，举国欢腾。全国人民沉浸在喜庆氛围中，极大激发了广大人民群众的爱国主义热情，振奋了民族精神。

除了中央媒体外，香港的媒体进行了充分的报道，大公报、文汇报、商报等连续几天用多个整版做回归报道；东方日报、星岛日报、经济日报、南华早报、明报，以及香港无线电视、亚洲电视、有线电视等主流媒体，都充分报道了香港回归和驻港部队进驻的报道，内容总体正面。

国际舆论大大好于预期，广大发展中国家充分肯定香港回归活动，积极评价中国政府收回香港主权。西方媒体报道总体客观，没有出现有些人曾经妄言或期待的，英方趾高气扬的"光荣撤离"、香港出现悲情和不满骚动的"热点舆论"。我们的新闻安排工作和舆论宣传发挥了很重要的作用。

这是一场重大的新闻报道"战役"。世界各大媒体都调集了精兵强将，在这香港弹丸之地云集了八千多名新闻记者，围绕一场活动所投入的力量之多是前所未有的。中央媒体集中力量在境外参加这样的报道也是第一次，在这样规模空前的国际新闻大战中，应该说我们打了一个胜仗，报道及时、准确、充分、热烈，主导了国内舆论也影响和引导了国际舆论。在这样一场新闻战役中我能参与其中，作为组织领导团队的一员，深感荣幸和自豪。

我于1996年7月从全国人大外事委来到国新办工作，安排我去了港澳台局。到后不久，便参与到香港回归新闻宣传工作中，尤其是当年11月份正式参与与英方围绕香港政权交接仪式新闻安排的谈判，便深入其中，一件事接着一件事，一个工作环节接着一个工作环节，工作节奏就像加速的发动机，不断地加快运转，投入了大量的时间和精力。谈判方案的拟定、谈判的参与、工作方案的制定、各方的协调，工作越来越紧张，连轴转，加班加点，放弃了许多休息日。随时准备出发，去深圳、去香港，参加会议，参加谈判，临近回归时更是夜以继日。工作虽然是辛苦的，但是能够参与到这么一项重要的工作中来，充分发挥

　　1997 年 6 月下旬，香港回归庆典前夕，新闻组同事们到会展中心开展工作，与会展中心负责人合影

　　中央人民广播电台香港前方报道组的编辑、记者，正在香港会展中心新翼香港政权交接仪式现场编发新闻稿

　　中国国际广播电台用43种语言向全世界报道香港回归，并用英语、普通话、广东话3种语言在香港现场直播香港政权交接等重大活动。图为播音员在香港中国国际广播电台新闻中心直播现场紧张工作

中央人民广播电台记者在香港街头采访市民

中国国际广播电台记者在香港新闻中心进行现场采访

　　中央电视台为完整报道香港回归的各项活动，进行了72小时连续播出。图为中央电视台播音员正在香港现场进行直播

　　中央电视台编辑、记者正在香港特别行政区成立暨特区政府宣誓就职仪式现场进行紧张的直播工作

　　作者获得的香港回归宣传报道荣誉证书

　　新华社、《人民日报》等国内外记者在香港岛中区政府合署前拍摄拆除第45号邮箱上的英国皇冠标志

自己的作用，会有一种取之不竭、用之不尽的活力。似乎没有感到过疲惫，也从没有过懈怠。回想起来，或许是因为年轻，或许是因为心中强烈的责任感和使命感。

香港回归新闻安排与英方的谈判和庆典活动新闻宣传的组织工作是在一个十分特殊复杂的环境下进行的。

从对象和地点来看，香港政权交接仪式，由中英两国政府组织，在香港进行；在 1997 年 7 月 1 日零点前香港由英国管治，是港英政府管理，而零点之后由中国政府接管。从主要活动举办的主体看，政权交接仪式由中英两国政府共同主办；7 月 1 日凌晨举行的特区政府成立暨宣誓就职仪式，由中央政府举办；而特区成立的庆典和招待酒会由新成立的特区政府主办。每一项活动都涉及方方面面，而当时我们还很少有在境外组织重大活动的经验。活动时间高度集中，从 6 月 30 日到 7 月 2 日上午需要做新闻安排的重要活动有三十多场，有中央领导参加的重要活动就有二十多场，且集中在 7 月 1 日，对组织工作、人力安排提出很大挑战。报道的要求高、时效性强、难度也比较大，世界各国媒体云集，争先恐后集中发稿，是一场激烈的新闻大战。

香港回归之际，面临的国际形势十分复杂。二十世纪八十年代末、九十年代初，国际风云突变，苏联解体，东欧剧变，国内也出现了政治风波。西方国家兴风作浪，插手香港事务。英国更是趁机谋取自己的利益，试图在香港问题上做足文章。彭定康作为最后一任总督，来到香港后推出所谓"政改方案"，在英国人一百多年殖民统治时期从来不给香港人民主的前提下，突然引入西方的选举政治，对抗基本法中关于未来香港特区行政主导的政治体制。以加快民主化步伐为幌子，培植亲信，谋划、推动成立各种政治组织。未经中英双方同意做了一系列事情，捞取利益。英方在香港政权交接等问题上，屡屡设置障碍、制造困难。

当时国际舆论的西强我弱十分明显。中国改革开放虽然不断加速推进，但还处在初期。国新办正式成立不到六年，我们对外传播的经验还不很丰富。如何完成好中央赋予的使命，如何打好这场对外传播的战役，如何展示和树立起中国良好形象，是我们在参与这项工作中始终坚守的一个宗旨。

香港回归庆典活动的圆满结束，可以说我们在这场新闻舆论战役和对外传播的战役中取得了辉煌的成果。

新闻报道有重点有节奏，抢占先机，赢得了主动权和主导权。从中央主要媒体看，6月初开始，中央新闻媒体单位发挥各自的特色，推出了丰富多彩的专栏专版，介绍香港的历史、发展，如《香港沧桑》《香港百年》等大型专题片，《中国统一大家谈》等专栏。6月中旬，中央赴港采访团大队人马到达香港后，各新闻单位采写、播发了一批香港各界群众积极准备迎接香港回归的报道，采访了香港广大老百姓和各界人士谈回归谈前景的感想。香港回归庆典结束后，媒体又重点采访回归后香港繁荣稳定的情前第四套节目和英语频道实现了在欧洲和一些非洲国家的落地。全球六十四家海外电视台转播了中央电视台国际频道、五十八家海外电视台转播中央电视台英语频道关于香港回归报道的实况。

指导、支持我数十个驻外使领馆，在香港回归之际举行了多种形式的记者招待会或吹风会，介绍香港问题的由来，阐述我国在香港问题上实行"一国两制"、港人治港、高度自治，保持香港繁荣稳定的方针政策，回应舆论关注的问题，帮助各相关国家官方和民众增加对香港问题的了解。

大力加强了庆祝香港回归的书刊的对外发送。国新办会同有关部门，集中力量精心制作了多种香港回归系列产品，其中也有介绍中国、中国文化、中国发展情况等图书，分成单页、折页、丛书、画册等，分别用中、英、法、西、德、日、俄、葡语八个语种制作，发往我一百九十多个驻外使领馆，使领馆在举行招待会和庆祝活动中广泛发送，招贴画在驻外使领馆橱窗内展示。有关大量的宣传品，还在香港和北京香港回归庆典活动新闻中心向境外记者提供，境外记者普遍表示欢迎，收到了很好的反响。

积极为境外媒体的采访提供便利和服务。在香港，欢迎外媒采访政权交接仪式和有关庆典活动，采取符合国际惯例的有关新闻安排。积极为媒体提供各种资料，及时回应他们的有关信息和采访需求，并且尽可能创造一些采访机会。比如考虑到我国家领导人抵达香港机场是一个重要新闻事件，在原来没有做计划的情况下，新闻组反复建议、争取，最后经中央领导同意，在机场为包括外国媒体在内的中外记者采访领导人抵达做了新闻安排，受到了称赞。在北京和内地庆祝活动新闻安排过程中，也欢迎香港和国际媒体采访报道，在加强管理的同时，尽量满足他们要求，设立了新闻和广播电视服务中心，对外国媒体电视机构做现场直播和信号传送提供便利。为满足境外电视机构租用卫星频道做现场直播的要求，电信部门在时间很紧的情况下，多方挖掘增容，制定电视传输和设备补缺配套方案，并专门投巨资购置了数字电视压缩设备，帮助他们开展直播和信号上行发送。在外媒采访出现一些问题时，工作人员积极做工作，解疑释惑、赢得理解。这些工作对于引导外媒客观正面的报道发挥了重要积极作用。

新闻报道和对外宣传活动的组织，对于为香港回归活动营造良好的舆论氛围、展示我们国家的良好形象发挥了重要作用。

回顾思考香港政权交接仪式以及庆典活动的新闻组织、宣传报道取得的成功，其中围绕着政权交接仪式及重大活动的新闻安排与英方开展的谈判交涉、与港府统筹处的磋商合作取得的积极有效成果发挥了重要作用，对于为整个交接仪式及各项活动的顺利进行、为中央媒体的采访报道创造并提供了有利条件，同时对于为香港本地媒体和外国媒体的采访做出安排、影响他们报道基调，取得了积极成效，有许多经验可以总结。至少有这么几个方面是十分重要的。

一是认真贯彻落实中央的方针政策。中央对香港回归庆祝活动，尤其是宣传报道工作作出部署，提出明确要求：要贯彻和体现邓小平同志"一国两制"的伟大构想以及中央关于解决香港问题的基本方针和各项政策，一方面突出宣传好香港回归这一历史事件的重大意义，弘扬爱国主义精神，鼓舞全国各族人民同心同德实现民族振兴和祖国统一；另一方面深入宣传香港基本法和我对香港实行"一国两制"、"港人治港"、高度自治的方针，宣传我国政府在解决香港问题上的一系列方针政策和为保持香港的繁荣稳定作出的种种努力，使世界更好地了解中国、了解香港。要坚持"正面宣传、内外并重"的方针，对香港回归这一重大历史事件和各项庆祝活动，作全面、准确、及时、充分的报道，对内增强民族凝聚力和自豪感，对外树立我国的良好国际形象。

我们认真贯彻中央的部署和要求，无论是在前期的谈判，还是在新闻宣传的组织实施过程中，始终以中央的方针作为指导。在具体工作中尤其是在与英方的谈判、与港英政府的交涉和磋商中，落实好中央领导的有关指示，展现出坚定、开放、自信的原则。

坚定就是要坚持原则，坚定维护我们国家的主权和利益，在谈判中，我们坚持要中英双方联合发布欢迎国际媒体采访交接仪式的通告，以表明这一活动是由中英两国政府共同主办，而不能以英方来主导。我们坚持中英双方各自就交接仪式输出一路活动直播电视信号，改变原来英方先入为主、由他们负责转播信号的安排。坚持设立由双方人员参加的新闻工作组和新闻联络官，随时就政权交接仪式等活动各项重大新闻安排进行磋商，以机制化的建设保证我方可以就重要问题提出意见要求。这三项要求，看起来像是技术性的问题，但十分重要。这既坚持了主权，又确保了在政权交接仪式和各项活动新闻安排中、在新闻报道的核心问题上我们的话语权和主导权，确保我们对香港回归的报道能够顺利开展。

开放就是在抓住重点的同时，从有效合作角度出发，抓大放小。充分考虑在香港举办活动的实际情况，对外国媒体、香港本地媒体采取开放态度，可直接向港府统筹处报名。强调按照国际通行规则办事，同意采用国际上实行或在香港采用的办法，安排国际媒体采访政权交接仪式和各项重大活动（包括抽签进入，前区、中区记者安排，以及后区摄像机位通过申请、平衡后选定等），并授权由港府统筹处具体组织实施。我们在谈判方案中还专门提出，对重要活动采访，中英双方具有优先权，同时充分照顾香港本地媒体，这一做法赢得了香港官员和媒体的赞同。

自信就是要充分相信我们国家实行改革开放，经济社会蓬勃发展，综合实力日益提高，是我们的坚强后盾。我们能够顺利成功举办香港回归及各项庆典活动，相信这些机制和采取的措施，能够确保我们顺利完成工作。相信香港大多数人是爱国、爱港的，能够发挥积极作用。我们在交接仪式和各项活动中能充分展示出我们国家和民族的力量，展示我们对外传播的能力。相信香港回归后，一定能够建设发展得更好。这种自信会体现在我们工作的各个时期、各个方面，能够发挥重要的作用。

二是全力以赴，尽职尽责。香港回归是中华民族在血洗百年耻辱、振奋民族精神、举国欢庆的重大事件。参加香港回归各个领域工作的、来自各个部门的同志们都感到十分光荣。这种荣誉感体现在大家工作上表现出强大的责任心。大家都是全力以赴，忘我地投入到工作中。参加新闻组的同志们来自国新办、港澳办、外交部、新华社香港分社等不同部门，大家不辞辛劳、忘我投入，无论是在谈判磋商、起草文稿、对外联络、现场组织等，都是想方设法完成工作任务。大家来自不同的工作单位，有不同的工作经验，经常在一起，怀着共同的信念，研究讨论，取长补短，提出解决各种困难的办法。工作周密细致，拟定各种工作方案，对可能出现的突发事件进行认真研究，周密部署。各项活动，细了更细，实了更实，确保万无一失。尤其是回归庆典这些天，更是夜以继日，所有有记者参加重要活动的地方，新闻组的工作人员都会提前到达，确定、告知记者采访的点位，提供进入区域的采访证件，为记者的采访做好各种准备，随时提供各种帮助和服务，每个人都充分发扬奉献精神，用周密的工作、精湛的专业水准完成好各项任务。

参加报道的各单位的相关负责同志和媒体记者都是怀着高度的责任感、使命感开展工作的，尤其是在报道高峰期，记者们不辞辛劳、废寝忘食，常常冒雨外出采访，淋得透湿，继续工作。一篇一篇感人的报道，一幅一幅影响世界的画面，直播报道的声音和感人的电视画面，传播到世界各地，凝聚着媒体记者的付出与心血。

三是加强协调，互相配合。香港政权交接仪式和各场庆典活动，工作涉及面广，头绪繁杂，牵涉到国内各个不同部门、不同单位。从出席的嘉宾看，共有四千多名来自世界各地的华侨和各界知名人士，外国政要四百多名，涉及四十个国家，四十三个国际组织。国内参加香港回归庆典活动和相关工作的有来自三十一个省区市及中央几十个部门的同志。活动的情况复杂，不确定因素多。参与人员众多，协调量大。我们充分发挥了体制的优势，中央加强统筹协调，建立了前方工作组，及时协调组织，设立活动联络、安保、新闻各个工作组，既分工负责又协调统一。参与香港回归的各个部门，围绕各重大问题、重要活动及时协商。前方工作组6月下旬进入香港后，每天坚持开工作例会，及时解决各种重要问题。在中英双方谈判就主要问题基本达成协议、需要推进落实及涉及政权交接仪式后各场重要活动时，如何发挥候任行政长官和特别行政区政府的作用十分重要、敏感，又涉及各个职能组的工作。中央前方工作组加强统筹，由专人与董建华和相关人员联络，各个小组又同步协调推进，产生了很好的效果。大量的活动涉及方方面面，都需要统筹协调。有一天晚上，在前方工作组会议室召开协调会，围绕国家领导人专机到达香港机场及迎接活动，讨论了三个多小时，虽然只是一场活动，但涉及气象、空中管制、机场方方面面，涉及活动安排、安全保卫、新闻报道，以及迎接人群；等等。我们加强协调，新闻组与安保组同事及时沟通商讨，在全力保障活动安全的同时，尽可能为媒体采访提供便利。同时加强前后方协调，在香港的新闻组与在北京的新闻宣传办公室以及新闻中心及时协调，包括把北京的关于庆祝活动的电视信号通过光缆传到香港的新闻中心，香港的庆典活动及时传到北京庆祝活动现场的大屏幕和新闻中心。贯彻为外媒采访提供好服务的方针，前后方协调一致开展工作，后方的新闻中心也积极为在北京采访的各国媒体提供服务，解决他们出现的问题，这样就形成了一个良好的工作氛围，对于影响、引导外媒客观正面的报道发挥了积极作用。

四是敢于斗争，掌握策略。敢于斗争，善于斗争是我们党长期以来在革命和建设中形成的一条重要经验和工作原则，在香港回归的谈判和相关工作中，也同样是我们重要的指导原则。首先，要有敢于斗争的精神，不怕邪、不信邪，敢于坚持原则，开展斗争。面对各种困难、各种挑战，坚信我们有力量能够战胜，取得成功。在具体实践中，一些原则性的事情，要坚持斗争，坚持原则，毫不退让；同时又要善于斗争，掌握政策，开展谋略。在谈判中抓住重点问题，如坚持政权交接仪式直播的报道权，坚持联合发布欢迎采访通告、建立双方联合新闻工作组掌握话语权等，不在类似对国际媒体采访申请受理等一些环节上纠缠。

通过尊重、团结港府官员形成有利局面是一个成功做法。在整个交接仪式和庆典活动的谈判交涉中有三方力量：中、英两方和港府官员。中英谈判初期，港府官员是作为港英政府的代表，从力量上英方占优。在谈判过程中，我们坚持坚定、开放、自信的原则，提出的方案和交涉的方式有理、有力、有节，逐步赢得了港府官员的认同。我们注意到随着回归临近，他们大多都表现出了爱国爱港的姿态，我们尊重他们，相互关系得到加强。当董建华授权港府统筹处负责7月1日零点以后特区政府主办的活动的新闻安排后，我们在开展工作的同时也做争取人心的工作，在工作中建立了友好信任的合作关系，这样我们的力量就占据优势，赢得了工作的主动权。

在提出交接仪式新闻安排方案时，我们注意尊重香港本地媒体，体现"一国两制"精神，提出除中、英外香港本地媒体报道的优先权，包括在前区和重要区域为香港本地媒体的拍摄提供便利，不仅赢得香港官员，也赢得了香港本地媒体的好评。

在半年多与港府新闻官员的交流交往中，我们也看到这些香港官员的一些优秀工作品质，比如敬业和较高的专业素养。他们关于大型国际活动组织时新闻管理的一些方法也给了我们启发。1997 年 9 月在香港举行世界银行和国际货币基金组织的年会，李鹏总理和朱镕基副总理将出席。回归庆典活动一结束，我们便又投入到这场活动的新闻安排和宣传报道工作中，我们认真总结香港回归新闻安排的有关做法，与特区政府新闻官员们也就是在香港回归庆典中合作的伙伴们一起，总结香港回归的一些做法，形成了在香港地区我们领导人活动采访报道一些规则安排。

同时，我们也注意把一些好的做法运用到国内一些重大活动中。随着改革开放不断深入，在国内举行的国际性活动越来越多，如何使新闻采访的安排更加规范，更有利于会场秩序的维护和媒体的采访报道，比如集中采访安排，分前区、中区、后区记者，在享有优先权的前区记者轮流进入正面拍摄，尽可能不影响后区记者的拍摄报道；等等，我们把一些规范的做法运用在国新办负责新闻采访组织的类似博鳌亚洲论坛、东盟博览会和达沃斯夏季论坛等活动中，收到了很好的效果，以后在国内组织的各种重大活动的新闻采访安排也越来越规范了。

香港政权交接仪式和庆典活动的新闻安排谈判和新闻宣传的组织，是当时我在中央国家机关工作后参与的最重大的一次活动，能够发挥这么重要的作用是我的荣幸，在人生和职业生涯中留下了深深的记忆，对我以后从事和投入国家对外宣传工作，产生了重要影响。

责任编辑：陈佳冉

封面设计：王欢欢

图书在版编目（CIP）数据

亲历：九七香港回归新闻安排谈判／郭卫民 著 . — 北京：人民出版社，2024.6

ISBN 978－7－01－026575－9

I.①亲… II.①郭… III.①一国两制－宣传工作－研究－香港

　　IV.① D618 ② 676.58

中国国家版本馆 CIP 数据核字（2024）第 103910 号

亲历：九七香港回归新闻安排谈判

QINLI JIUQI XIANGGANG HUIGUI XINWEN ANPAI TANPAN

郭卫民　著

人民出版社 出版发行

（100706　北京市东城区隆福寺街 99 号）

北京汇林印务有限公司印刷　新华书店经销

2024 年 6 月第 1 版　2024 年 6 月北京第 1 次印刷

开本：710 毫米 × 1000 毫米 1/16　印张：16.25

字数：132 千字

ISBN 978－7－01－026575－9　定价：68.00 元

邮购地址 100706　北京市东城区隆福寺街 99 号

人民东方图书销售中心　电话（010）65250042　65289539